KB028209

모든 언어는 평등하다

지구 상의 모든 언어는
인류 공동체 문명 발전의 발자취입니다.
힘이 센 나라의 언어라 해서 더 좋거나 더 중요한 언어가 아닌 것처럼,
많은 사람들이 쓰지 않는 언어라 해서 덜 좋거나 덜 중요한 언어는 아닙니다.

문화 다양성에 따른 언어 다양성은 인류가 서로 견제하고
긍정적인 자극을 주고받으며 소통, 발전할 수 있는 계기가 됩니다.
그러나 안타깝게도 현재 일부 언어가 '국제어'라는 이름 아래
전 세계 사람들에게 강요되고 있습니다.

언어평등의 꿈은 전 세계 모든 언어를 학습할 수 있는 어학 콘텐츠를
개발하는 것입니다. 어떠한 언어에도 우위를 주지 않고, 다양한 언어의 고유
가치를 지켜나가겠습니다. 누구나 배우고 싶은 언어를 자유롭게 선택해서
배울 수 있도록 더욱 정진하겠습니다.

언어평등은 문예림의 아날로그와 디지털을 아우르는
어학 콘텐츠 브랜드입니다.
56년째 언어 생각뿐.

언어평등 시리즈 첫걸음

언어평등은 누구나 평등하고 자유롭게 전 세계 모든 언어를 학습 할 수 있도록 여러분과 함께 할 것입니다.

베트남어(tiếng Việt)는 베트남의 총 인구 중 약 87%를 차지하는 킨족의 모국어이자 베트남의 공용어이다. 오스트로아시아어족에서 유래하였으며, 음운이나 어휘에 있어서 중국어의 많은 영향을 받았다. 베트남의 소수 민족 사이에서도 공용어와 소수 언어로서 주로 국경 지역에서 사용한다. 전 세계 약 9천 2백만 명이 베트남어를 모국어로 사용하고 있다.

ARCTIC OCEAN
NORTH PACIFIC OCEAN
Vietnam
INDIAN OCEAN

동영상 강의 시청하기

언어평등 (www.EQlangs.com) 구매하면
해당도서의 강의를 보실 수 있습니다.
저자가 알려주는 언어 이야기도 보실 수 있습니다.

MP3 다운로드 방법

1단계
언어평등 (www.EQlangs.com) 사이트
고객센터 - 자료실 - MP3 들어오기

2단계
제목______________에 찾고자 하는
도서명을 입력 후 검색하세요.

www.EQlangs.com

평등한 언어 세상을 위한 시작

베트남어 첫걸음

평등한 언어 세상을 위한 시작

베트남어 첫걸음

Sự bắt đầu cho một thế giới bình đẳng vế ngôn ngữ

Bước đầu tiếng Việt bình đẳng ngôn ngữ

언어평등

평등한 언어 세상을 위한 시작

베트남어 첫걸음

초판 2쇄 인쇄 2024년 10월 7일
초판 2쇄 발행 2020년 10월 18일

지은이 이아영
펴낸이 서덕일
펴낸곳 언어평등

기획 서민우 **편집진행 및 교정** 조소영 **본문디자인** 문인주
표지 및 부속 디자인 박정호 **오디오 녹음** 이니스닷컴 **동영상 촬영** 이큐스튜디오
출력 및 인쇄 천일문화사 **제본** 대흥제책

출판등록 2018.6.5 (제2018-63호)
주소 경기도 파주시 회동길 366 3층 (10881)
전화 (02) 499-1281~2 **팩스** (02) 499-1283
전자우편 eqlangs@moonyelim.com
홈페이지 www.EQlangs.com

이 책은 저작권법에 의해 보호를 받는 저작물이므로 무단 복제 · 전재 · 발췌할 수 없습니다.
잘못된 책은 구입하신 곳에서 교환해 드립니다.

ISBN 979-11-964086-9-5 (13730)
값 15,000원

세계 언어와 문화, **문예림**
언어평등 〈모든 언어는 평등하다〉 디지털과 아날로그 아우르는 어학 콘텐츠
오르비타 〈위대한 작은 첫걸음〉 성인 어학 입문, 파닉스(영유아, 어린이 어학교재)
심포지아 〈세상에 대한 담론과 향연〉 나라와 도시 여행, 역사, 문화 등
파쿨라 〈지성을 밝히는 횃불〉 어문학, 언어학 학술도서

머리말

lời mở đầu

약 15년 전, 제가 베트남어를 전공으로 선택했을 때만 해도 우리에게 베트남은 그저 낯설고 가난한 후진국일 뿐이었습니다. 제 주변에서도 우리보다 잘사는 나라의 언어를 배워야지 왜 아무도 하지 않는 베트남어를 배우냐며 저의 선택에 의구심을 보내는 사람들이 많이 있었습니다.

하지만, 현재 베트남은 세계에서 가장 빠르게 성장하고 있는 국가 중 하나가 되었습니다. 젊은 인구를 바탕으로 한 풍부한 인적 자원, 정부의 시장 친화적 정책과 그로 인한 외국인의 직접투자 증가로 앞으로의 성장 가능성도 큽니다. 특히 우리와는 경제, 관광, 문화 등 여러 분야에서 서로의 것을 공유하는 친숙한 나라가 되었고, 베트남어를 하는 것이 경쟁력이 되는 시대가 되었습니다.

많은 사람이 여행, 취업이나 이직, 해외이민 등 다양한 이유로 베트남어를 선택합니다. 하지만, 새로운 언어를 배운다는 설렘을 안고 쉽게 시작했다가 6가지 성조, 낯선 발음과 표현들로 중간에 포기하여 제대로 된 베트남어를 접해보지 못한 사람들 역시 많습니다. 이런 분들이 포기하지 않고 꾸준하게 공부하는 데 도움을 드리고자 이 책을 쓰게 되었습니다.

베트남어는 알고 보면 배우기 쉬운 언어입니다. 알파벳은 우리에게 친숙한 로마자를 사용하고 발음은 한자와 유사합니다. 동양과 서양의 조화가 잘 어우러진 언어라고 할 수 있습니다. 하지만 영어와 일본어와 같이 일상생활에서 자주 접하지 않았기에 처음 학습할 때 공통으로 느끼는 어려움이 있습니다.

저 역시 학습자로서 처음 베트남어를 접했을 때 겪었던 어려움을 알고 있으며, 강사로서 오랜 시간 학생들을 가르치며 어떤 부분을 어려워하고, 어떤 상황에서 실수가 잦은지 잘 알고 있습니다. 교재와 함께 제공되는 동영상 강의를 통해 그 부분을 더 쉽고 명확하게 전달해 드리겠습니다. 매일 1강씩 20일 동안 교재와 동영상으로 공부하시면 20일 후에는 베트남에 가서 베트남인과 기본적인 대화를 하며 여행도 하고, 친구도 사귈 수 있습니다.

사람들의 문화가 사용하는 언어에 반영되어 있고, 거꾸로 언어가 그 지역의 문화에 영향을 끼치기도 합니다. 우리는 언어를 통해서 그 나라를 더 깊이 이해할 수 있습니다. 기술의 발달로 외국어를 구사하지 못하더라도 스마트폰 앱을 통해 외국에서의 여행과 생활을 할 수 있습니다. 만약 직접 자신의 입으로 현지인과 대화한다면 더 깊이 베트남을 느끼고 이해할 수 있을 겁니다. 이 책이 베트남을 사귀는 마중물이 되어 베트남어를 시작하고자 했던 처음의 목적을 이루시는 데 도움이 되길 바랍니다.

끝으로 이 책을 묵묵히 기다려주신 출판사에 감사드립니다. 그리고 베트남어를 시작하게 해 준 언니와 또 제 결정을 늘 응원해주시는 부모님께 감사의 마음을 전합니다.

이아영

Chữ cái và thanh dấu 알파벳과 성조

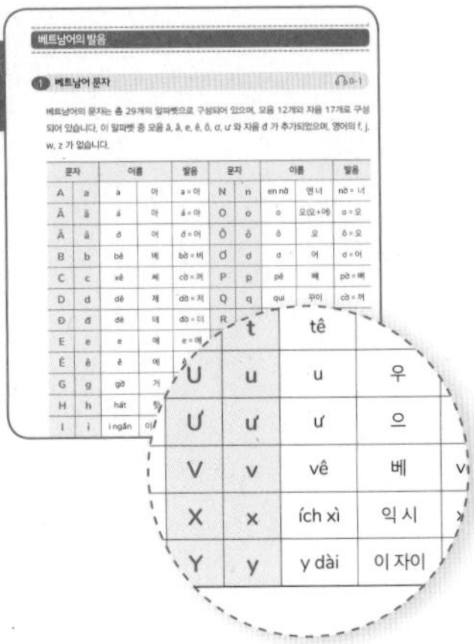

문자는 2차적 기억의 시스템이다

베트남은 영토가 길기 때문에 북부, 중부, 남부의 발음법과 어휘 사용이 다르며, 표준어와 방언을 정확하게 구분하기는 어렵습니다. 많은 사람들이 하노이를 중심으로 한 북부 발음을 표준어로 생각하지만, 엄밀히 말하면 북부, 중부, 남부 지역별로 다른 표준어가 존재한다고 볼 수 있습니다. 특히, 베트남어의 성조는 단어와 결합하여 다른 의미를 가지기 때문에 명확하게 익히도록 합니다.

Hội thoại 상황별 기본 회화

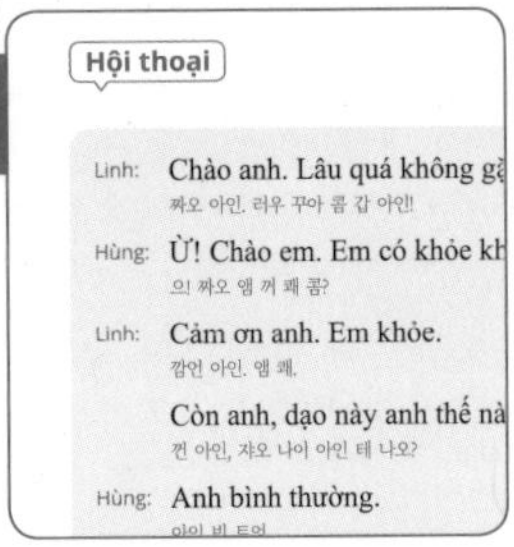

경청은 지혜의 특권이다

각 강의 학습 내용에 기본이 되는 대화문을 상황별로 소개합니다.

Từ vựng 관련 어휘

단어의 이미지는 견고하다

파트별로 새롭게 나오는 어휘를 정리하였습니다. 어휘력은 외국어 구사의 가장 중요한 요소입니다. 이미지를 연상하면서 기억창고에 열심히 쌓으세요.

Ngữ pháp 문법

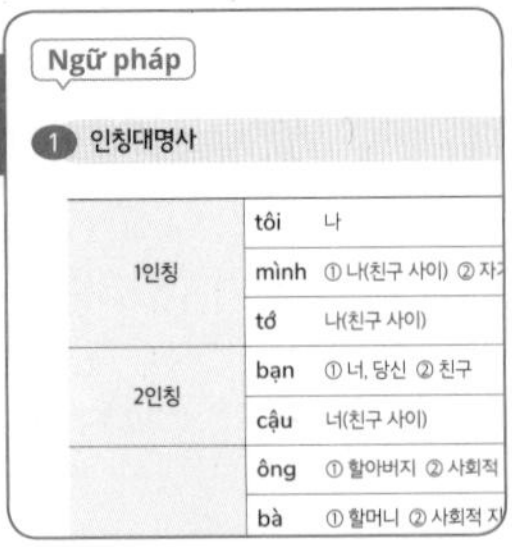

언어의 품사를 품다

섹션별로 기본 회화에 나오는 문장과 관련된 문법사항을 설명하였고, 추가적으로 쉽고 실용적인 문장을 예문으로 실었습니다.

Diễn đạt

호칭의 경우, 두 사람의 관계에 따라 바뀔 수 있다는

1 만났을 때 인사 표현

- 1인칭 + (xin) chào + 2인칭 안녕하세요 (1인칭
- Anh/Chị khỏe không? 잘 지내요?
- Dạo này anh/chị thế nào? 요즘 어때요?

2 헤어질 때 인사 표현

Diễn đạt 표현

반복이 언어 성장의 힘이다

각 강의 핵심내용과 관련된 표현 및 어휘를 통해 표현력을 확장합니다.

Bài nói

상황 안부를 물어보는 상황 1

A: Em chào chị! Chị khỏe không?
B: Chị bình thường thôi. Còn em?
A: Em thì tốt.

A: 안녕하세요 언니(누나)! 잘 지내요?
B: 그냥 그래. 넌 어때?
A: 전 좋아요.

Bài nói 스피킹

인류는 소통했기 때문에 생존하였다

상황별 기본 회화과 연계, 응용할 수 있는 말하기 훈련을 하고 상황별 맞춤 생존 표현도 학습합니다.

Luyện tập

- Lâu quá không gặp anh/chị. 오랜만이네요
- Anh/Chị có khỏe không? 잘 지내요?
- Anh/Chị khỏe. 잘 지내요
- Dạo này anh/chị thế nào? 요즘 어때요?
- Anh/Chị bình thường. 그냥 그래요.

Luyện tập 트레이닝

언어의 역동성이 인간을 장악한다

기본적인 표현 이외에 조금 더 확장된 표현을 익히고 원어민과 한 차원 높은 대화를 이끌어 보세요.

Bài tập

1 녹음을 듣고 빈칸을 채워보세요.

1 A: Chào anh.
B: ....
2 A: Xin chào ông.
B: ....
3 A: ....
B: bình thường.

Bài tập 연습문제

말할 권리를 절대 옹호한다

앞에서 배운 내용을 바탕으로 문법사항을 좀 더 깊이 숙지하면서 문장 구성 능력을 높일 수 있도록 복습을 위한 연습문제를 제시하였습니다.

차 례

내용 구성표

과	제목	문법	회화
Bài 1	**Chào anh! Anh có khỏe không?** 안녕하세요! 잘 지내세요?	인칭대명사 / 기본 문형 (평서문, 의문문, 부정문) / 명사 + thế nào?	안부를 물어보는 상황
Bài 2	**Tôi là người Hàn Quốc.** 나는 한국인입니다.	소유격 của / là 가 있는 문장의 형식 / 의문사 gì 와 nào / được + 서술어	만났을 때 인사 이름을 묻는 표현 국적을 묻는 표현
Bài 3	**Chị làm việc ở đâu?** 당신은 어디에서 일합니까?	시제 표현 / 의문사 đâu / 직업 물어보기 / 주소 표기법 / 숫자 표현 (1) : 0 - 10	직업을 묻는 표현 장소/위치를 묻는 표현
Bài 4	**Năm nay anh bao nhiêu tuổi?** 올해 당신은 몇 살입니까?	인칭 + ơi / 지시 대명사와 지시 형용사 / 의문사 ai / 수량 의문사 mấy 와 bao nhiêu / 숫자 표현 (2) : 11- 99	나이를 묻는 표현 학년을 묻는 표현
Bài 5	**Bây giờ là bảy giờ tối.** 지금은 저녁 7시입니다.	시간 표현 / ~ lúc mấy giờ? 몇 시에 ~ 합니까? / định + 동사 / phải + 동사 / 'A 하기 때문에 그래서 B 하다' 구문 / 명령·청유형의 đi 와 nhé / 문미 조사 chứ	시간에 관한 표현 명령, 청유에 관한 표현
Bài 6	**Hôm nay là ngày bao nhiêu?** 오늘 며칠이에요?	날짜 표현 / 요일 표현 / 서수 표현 / 의문사 bao giờ / để + 동사와 cho + 명사 용법 / 숫자 표현 (3) : 100 이상	날짜, 요일 및 의미에 관한 표현 '언제', '때'에 관한 표현
Bài 7	**Anh thường làm gì vào cuối tuần?** 주말에 당신은 보통 무엇을 합니까?	빈도부사 / khi 의 용법 / tự + 동사 / vào + 시간 명사 / liên quan đến ~ 에 연관된 / 'A 할수록 B 하다' 구문	취미, 여가 관련 어휘와 표현
Bài 8	**Anh đã kết hôn chưa?** 당신 결혼했어요?	đã ~ chưa? 의문문 / 선택 의문사 hay / 'A부터 B까지' 구문 / về 의 전치사적 용법	가족 어휘와 결혼/가족에 관한 표현
Bài 9	**Tôi có thể nói tiếng Việt được.** 나는 베트남어를 말할 수 있습니다.	근접 과거 시제 mới 와 vừa / 능력, 가능 묻기 / mà 의 용법 / vẫn 여전히 / 'A일 뿐만 아니라 B이기도 하다' 구문 / 품사의 변화	능력에 관한 표현
Bài 10	**Cái này là cái gì?** 이것은 무엇입니까?	종별사 / bằng 의 용법 (1) / '보다' 동사의 여러 가지 표현 / thật là 정말로	사물, 동물 어휘 지시대명사에 대한 표현

과	제목	문법	회화
Bài 11	**Chị đã ăn sầu riêng bao giờ chưa?** 당신은 두리안을 먹어본 적 있나요?	경험 묻기 / 동사 + thử / nhất định 반드시 / so với ~ 에 비하면 / 'A이기도 하고 B이기도 하다' 구문 / '비록 A 할지라도 B 하다' 구문	과일, 채소 어휘 경험에 대한 물음 표현
Bài 12	**A-lô. Tắc-xi VINA xin nghe đây ạ.** 여보세요. VINA 택시입니다.	ạ 의 용법 / 전화상의 주요 표현 / cho 의 여러 가지 쓰임 / rồi 의 접속사의 역할 / hết 의 용법	전화 관련 표현
Bài 13	**Tất cả là bao nhiêu tiền?** 모두 얼마입니까?	가격을 묻는 표현 / 수량 형용사 위치 / 가정법 만약 nếu ~ thì / '모두' 부사의 여러 가지 표현 / thôi 의 용법	색깔 어휘 가격을 묻거나 흥정하는 표현
Bài 14	**Tôi đến Việt Nam được 6 tháng rồi.** 나는 베트남에 온 지 6개월 되었어요.	의문사 bao lâu / 시간, 때를 나타내는 표현 / được + 기간 + rồi / nửa + 단위 / hơn nữa 게다가, 더 이상 / 기간과 시점 표현 비교	베트남 주요 도시 기간을 묻는 표현
Bài 15	**Hôm nay thời tiết thế nào?** 오늘 날씨는 어때요?	날씨 표현 / (còn) ~ thì sao? 어때요? / theo ~ thì ~ 에 따르면 / kẻo ~ 하지 않도록 / 청유·요청의 표현 hãy / 기원·바람의 표현 chúc	날씨를 묻는 표현과 그 밖의 날씨 표현
Bài 16	**Tôi thích bún chả hơn phở.** 나는 쌀국수보다 분짜를 더 좋아해요.	비교급·동급·최상급 / 복수 표현 các 과 những / nghe nói 듣기로는 / tại ~에, ~에서 / '날이 갈수록 A 하다' 구문	맛, 음료, 베트남 음식 어휘 비교급, 최상급 표현
Bài 17	**Khi đi làm, tôi đi bằng xe máy.** 일하러 갈 때, 나는 오토바이를 타고 갑니다.	의문사 bao xa / 강한 부정의 표현 / mất 의 쓰임 / cách 의 용법 / chỉ ~ thôi 단지 ~일 뿐이다	교통수단, 관련 어휘 및 표현
Bài 18	**Trông anh có vẻ mệt lắm.** 당신 너무 피곤해 보여요.	수동태 bị 와 được / 질병·증상 관련 표현 / trông ~처럼 보이다 / 부정 명령형 / 추측·예측 관련 표현 / ~ là số một ~(이)가 제일이다	신체부위, 병원에서의 표현
Bài 19	**Tôi sẽ trả phòng ngay.** 바로 체크아웃 할게요.	'빌리다' 동사의 여러 가지 표현 / làm ơn 부탁하는 표현 / mỗi + 명사와 mỗi khi + 동사 / ngay 바로·즉시 / lại + 동사 & 동사 + lại	거주 관련 어휘, 숙소 계약 표현
Bài 20	**Chúc mừng sinh nhật.** 생일 축하합니다.	1 + 1 의문문 / 관계대명사 mà / trước tiên 일단, 먼저 / nhân tiện ~ 하는 김에 / 권유·제안의 표현 mời / cùng + 동사	축하, 감사, 사과의 표현

준비학습

베트남어의 기초 상식

1 베트남어에 대하여

베트남은 여러 소수 민족으로 구성된 다민족 국가로서 그중 약 90%를 차지하는 비엣(Việt)족 = 낀(Kinh)족이 사용하는 언어를 베트남어라고 볼 수 있습니다. 하지만 베트남어는 북부, 중부, 남부 지역에 따라 발음, 억양 및 사용하는 단어가 조금씩 다릅니다. 일반적으로 북부의 대표 도시는 수도인 하노이, 남부의 대표 도시는 가장 큰 도시인 호치민으로 일컬어지며 두 지역 언어 중 하나만을 표준어라 칭할 수는 없습니다.

2 베트남어의 특징

1 베트남어의 어순은 우리말과는 다릅니다.

베트남어의 기본 어순은 「주어 + 서술어 + 목적어」의 형태로, 우리말과는 달리 목적어가 서술어 뒤에 옵니다.

주어	서술어	목적어		
Tôi	**ăn**	**cơm**	→	**Tôi ăn cơm.**
나는	먹습니다	밥을		나는 밥을 먹습니다.

2 베트남어에는 조사(을/를/이/가)가 없습니다.

위의 문장에서 볼 수 있듯이 "나는 밥을 먹습니다."의 문장 표현도 [나 + 먹다 + 밥]의 단어로 이어진 문장입니다. 조사가 없기 때문에 어휘의 뜻과 역할은 위치에 의해서 결정되는 경우가 많습니다.

3 베트남어는 6가지의 성조를 가지고 있습니다.

베트남어는 성조에 따라 어휘의 뜻이 달라지는 성조어로 글자에 직접 성조를 표기합니다. 즉 어휘를 학습하실 때 성조와 함께 문자를 암기하셔야 하며, 성조에 따라 뜻이 달라지므로 정확하게 성조를 표현하고 암기하셔야 합니다.

4 베트남어는 음절마다 띄어쓰기를 합니다.

베트남어의 음절은 모음, 자음, 그리고 성조로 이루어져 있습니다. 일반적으로 모음과 자음이 결합하여 하나의 음절을 이루지만, 모음만으로도 음절이 구성되기도 합니다.

베트남어는 음절 하나하나 따로 띄어쓰기를 하여 표기합니다. 예를 들면 베트남어에서는 "비행기"와 같은 단어도 "비 행 기"와 같은 방식으로 표기하는 게 맞습니다. 이와 같은 표기는 연음이 없어서 읽기가 용이하다는 장점이 있으나, 어휘가 많이 숙지되지 않은 상태에서는 잘못 끊어 읽을 수 있기 때문에 정확한 의미 전달이 되지 않을 수도 있습니다.

베트남어의 발음

1 베트남어 문자

0-1

베트남어의 문자는 총 29개의 알파벳으로 구성되어 있으며, 모음 12개와 자음 17개로 구성되어 있습니다. 이 알파벳 중 모음 ă, â, ê, ô, ơ, ư 와 자음 đ 가 추가되었으며, 영어의 f, j, w, z 가 없습니다.

문자		이름		발음	문자		이름		발음
A	a	a	아	a = 아	N	n	en nờ	엔 너	nờ = 너
Ă	ă	á	아	á = 아	O	o	o	오(오+어)	o = 오
Â	â	ớ	어	ớ = 어	Ô	ô	ô	오	ô = 오
B	b	bê	베	bờ = 버	Ơ	ơ	ơ	어	ơ = 어
C	c	xê	쎄	cờ = 꺼	P	p	pê	뻬	pờ = 뻐
D	d	dê	제	dờ = 저	Q	q	qui	꾸이	cờ = 꺼
Đ	đ	đê	데	đờ = 더	R	r	e rờ	애 러	rờ = 저
E	e	e	애	e = 애	S	s	ét sì	앳 시	sờ = 써
Ê	ê	ê	에	ê = 에	T	t	tê	떼	tờ = 떠
G	g	gờ	거	gờ = 거	U	u	u	우	u = 우
H	h	hát	핫	hờ = 허	Ư	ư	ư	으	ư = 으
I	i	i ngắn	이 응안	i = 이	V	v	vê	베	vờ = 붜
K	k	ca	까	cờ = 꺼	X	x	ích xì	익 시	xờ = 써
L	l	e lờ	엘 러	lờ = 러	Y	y	y dài	이 자이	i = 이
M	m	em mờ	엠 머	mờ = 머					

2 모음 0-2

1 단모음

베트남어의 단모음은 총 12개로 구성되어 있습니다.

문자		발음	발음 방법
A	a	아	우리말 '아'처럼 발음하되 높고 길게 발음한다.
Ă	ă	아	우리말 '아'보다는 높고 짧게 끊어 발음한다.
Â	â	어	우리말 '어'처럼 발음하되 높고 짧게 발음한다.
E	e	애	우리말 '애'처럼 발음하되 입꼬리를 옆으로 당기면서 발음한다.
Ê	ê	에	우리말 '에'처럼 발음하되 입을 동그랗게 모아서 발음한다.
I	i	이	우리말 '이'처럼 발음하되 더 짧게 발음한다.
O	o	'오 + 어' 의 중간	우리말에는 없는 발음으로 입을 동그랗게 벌려 '오'와 '어'의 중간의 느낌으로 발음한다.
Ô	ô	오	우리말 '오'처럼 발음하되 입을 쭉 모으며 발음한다.
Ơ	ơ	어	우리말 '어'처럼 발음하되 높고 길게 발음한다. (â의 긴 음)
U	u	우	우리말 '우'처럼 발음하되 입을 쭉 모으며 발음한다.
Ư	ư	으	우리말 '으'처럼 발음하되 입을 모으지 않고 발음한다.
Y	y	이:	우리말 '이'처럼 발음하되 더 길게 발음한다.

2 복모음

복모음은 2개(이중모음), 3개(삼중모음)로 구성된 모음으로 단모음의 음가를 그대로 자연스레 이어서 발음하면 됩니다.

문자	발음	예	문자	발음	예
ai	아이: '이'를 짧게	tai	ua	우어	mua
ay	아이: '이'를 길게	cay	ui	우이	cui
au	아우	lau	uô	우오	muôn
âu	어우	râu	ưi	으이	gửi
ây	북) 에이 / 남) 어이	tây	ưu	으우	hưu
êu	에우	dêu	ưa	으어	cưa
eo	애어	heo	ươ	으어	mươn

ôi	오이	tôi	**iêu**	이에우	hiêu
oi	어이	hoi	**yêu**	이에우	yêu
iu	이우	diu	**uôi**	우오이	đuôi
ia	이어	bia	**ươi**	으어이	cươi
iê	이에	viêt	**ươu**	으어우	hươu

*성조는 모두 빼고 표기하였습니다.

이중모음 소리 변화

이중모음 결합 중에서 아래의 3가지 경우, 끝모음을 '아'가 아닌 '어'로 바꿔 읽어야 합니다.

문자	발음	예
ia	이어	bia → 비어
ua	우어	mua → 무어
ưa	으어	cưa → 끄어

*단, qua 는 바뀌는 거 없이, '꾸아'라고 발음해야 합니다.

3 자음

0-3

베트남어의 자음은 총 17개로 구성되어 있습니다.

문자		발음	예	문자		발음	예
B	**b**	ㅂ	ba	**N**	**n**	ㄴ	nơi
C	**c**	ㄲ	cơm	**P**	**p**	ㅃ	pin
D	**d**	ㅈ	dao	**Q**	**q**	ㄲ	quê
Đ	**đ**	ㄷ	đên	**R**	**r**	ㅈ	rau
G	**g**	ㄱ	gai	**S**	**s**	샤**	sai
H	**h**	ㅎ	hoa	**T**	**t**	ㄸ	tôi
K	**k**	ㄲ	kiên	**V**	**v**	영어 V	vui
L	**l**	ㄹ	leo	**X**	**x**	ㅆ	xinh
M	**m**	ㅁ	meo				

*성조는 모두 빼고 표기하였습니다.

**기준이 되는 발음은 '샤'이지만, 북쪽에서는 'ㅆ'로도 발음합니다.

1 복자음

복자음은 2개(이중자음), 3개(삼중자음)로 구성된 자음으로 자음이 결합되면 기존 자음과는 다른 소리를 냅니다. 이들 중에는 거센소리인 격음이 많고 우리말에는 없는 비음을 사용하는 발음도 있습니다.

문자	발음	예	문자	발음	예
ch	ㅉ	châu	gh	ㄱ	ghê
kh	ㅋ	không	ng	응	người
th	ㅌ	thôi	ngh	응	nghi
ph	영어 F	phôi	tr	ㅊ**	trâu
nh	니	nhe	gi	지	gia

*성조는 모두 빼고 표기하였습니다.

**기준이 되는 발음은 'ㅊ'이지만, 북쪽에서는 'ㅉ'로도 발음합니다.

2 끝자음

끝자음은 1개(단자음), 2개(이중자음)로 총 8가지로 구성되어 단어의 끝에 위치합니다. 위에서 언급된 복자음과 형태가 같을지라도 끝에 위치하면 발음이 달라집니다.

문자	발음	예	문자	발음	예
m	ㅁ	năm	t	ㅅ	môt
n	ㄴ	ban	p	ㅂ	lơp
ng	ㅇ	sông	c	ㄱ	hoc
nh	인/잉	chanh	ch	익	sach

*주의

c	o / ô / u 모음과 결합하면 입술을 다물고 발음해야 하므로 'ㅂ'의 소리를 가진다. 예 hoc, côc, luc
ng	o / ô / u 모음과 결합하면 입술을 다물고 발음해야 하므로 'ㅁ'의 소리를 가진다. 예 long, không, cung
ch	남부에서는 'ㄱ'으로 발음해야 한다.
nh	남부에서는 'ㄴ'으로 발음해야 한다.

*성조는 모두 빼고 표기하였습니다.

4 6성조

0-4

베트남어에는 6가지의 성조가 있습니다. 성조는 음의 높낮이를 조절하며, 단어와 결합해 각각의 다른 의미를 부여하므로 6성조는 베트남어에서 중요한 기능을 가집니다. 그리고 중국어처럼 '1성, 2성, 3성, 4성'과 같이 숫자를 붙여 성조를 명명하진 않으므로 이 점을 유념하여 학습하셔야 합니다.

6성 (a á à ả ã ạ)

① **thanh ngang / không dấu** (제자리음): 성조기호 없음

→ 수평조에서 일정한 톤으로 쭉 끌듯이 평평하게 읽어준다.

예 ga, đi, như, dao

② **thanh sắc / dấu sắc**

→ 음을 수평조(기준음)에서 밀듯이 올리며 읽어준다.

예 phố, má, sắp, cá

③ **thanh huyền / dấu huyền**

→ 음을 수평조(기준음)에서 힘을 빼고 한숨 쉬듯 내리며 읽어준다.

예 bà, lần, về, làm

④ **thanh hỏi / dấu hỏi**

→ ⓐ 음을 살짝 올렸다가 끝을 내려주면서 읽어준다. (북부: 하노이 발음)

→ ⓑ 음을 부드럽게 내렸다가 끝만 살짝 올려 읽어준다. (남부: 호치민 발음)

예 đủ, ảnh, phở, hẳn

⑤ **thanh ngã / dấu ngã**

→ 음을 내렸다가 꺾듯이 올리며 음을 튕기듯이 빠르게 읽어준다.

예 ngã, chỗ, đã, rỗi

⑥ **thanh nặng / dấu nặng**: 성조기호가 유일하게 아래쪽에 위치

→ 음을 아주 낮게 뚝~ 떨어뜨리며 점을 찍듯이 끊어 읽어준다.

예 mọi, dạ, gặp, học

〈성조의 결합〉

베트남어의 단어는 보통 1, 2음절 많게는 3음절로 구성됩니다. 이때 6가지 성조가 뒤섞여 결합하므로 다양한 성조의 단어를 부드럽게 연결하여 읽는 연습이 필요합니다.

같은 성조와의 결합

Sân bay	공항	Nhân viên	직원
Em trai	남동생	Bóng đá	축구
Thế giới	세계	Kết thúc	끝내다
Nhà hàng	식당	Màu vàng	노란색
Mùa hè	여름	Hải sản	해산물
Bảo hiểm	보험	Thỉnh thoảng	가끔
Mãi mãi	영원히	Chữ nghĩa	학문지식
Kỹ lưỡng	주의깊게	Bệnh viện	병원
Độc lập	독립	Thực sự	정말로

다른 성조와의 결합

Gia đình	가족	Ngân hàng	은행
Thời gian	시간	Thành công	성공
Dĩ nhiên	당연히	Kỹ sư	엔지니어
Xin lỗi	미안합니다/ 실례합니다	Khiêu vũ	춤추다
Những người	사람들	Mỗi ngày	매일
Quảng cáo	광고	Cảnh sát	경찰
Thứ bảy	토요일	Sức khỏe	건강
Chủ nhật	일요일	Kỷ niệm	기념
Lịch sử	역사	Hiệu quả	효과
Khách sạn	호텔	Kính trọng	존경하다
Hộ chiếu	여권	Chị gái	언니/누나

3음절 결합

Ký túc xá	기숙사	Đông nam á	동남아
Tàu điện ngầm	지하철	Anh chị em	형제자매
Bất động sản	부동산	Trường đại học	대학교
Quán cà phê	커피숍	Nhà vệ sinh	화장실
Máy vi tính	컴퓨터	Hướng dẫn viên	안내원
Tây ban nha	스페인	Đài truyền hình	방송국
Câu lạc bộ	동호회	Đại sứ quán	대사관
Người nước ngoài	외국인	Sách tham khảo	참고서

문장 읽기 연습

Anh làm nghề gì?	Mấy giờ anh vào học?
Bà tên là gì?	Mười hai giờ đêm chị ấy về nhà ngủ.
Tôi tên là Minh.	Anh trai rất thông minh.
Ông là người Nga.	Đúng rồi, nhà này của tôi.
Cậu ấy rất đẹp trai.	Chúng tôi sẽ học chăm chỉ.
Chị Linh gọi điện thoại.	Bà ấy ăn tối với gia đình.
Đây là mẹ tôi.	Tôi làm ở sân bay.
Anh Hùng có nhiều truyện.	Kia là nhà của bà Vân.
Tôi sắp đến công ty rồi.	Bà vào nhầm cửa rồi.
Cô giáo đã giảng bài chiều nay.	Chị tôi định đi Việt Nam.

BÀI 01

인사·안부 안녕하세요! 잘 지내세요?

Chào anh! Anh có khỏe không?

Hội thoại

1-1

Linh: Chào anh. Lâu quá không gặp anh!
짜오 아인. 러우 꾸아 콤 갑 아인!

Hùng: Ừ! Chào em. Em có khỏe không?
으! 짜오 앰 꺼 쾌 콤?

Linh: Cảm ơn anh. Em khỏe.
깜언 아인. 앰 쾌.

Còn anh, dạo này anh thế nào?
껀 아인, 쟈오 나이 아인 테 나오?

Hùng: Anh bình thường.
아인 빈 트엉.

린: 오빠 안녕하세요. 오랜만이에요 오빠!
홍: 응! 안녕. 잘 지내지?
린: 고마워요 오빠. 저는 잘 지내요.
그리고 오빠, 오빠는 요즘 어때요?
홍: 오빠는 그냥 그래.

Từ vựng

chào 인사하다 / 안녕

lâu 오랜

quá 정말, 너무

gặp 만나다

ừ 응, 그래

khỏe 건강한

không 입니까? (의문문 형태) / 아니다 (부정어)

cảm ơn = cám ơn 고마워요

còn 그런데, 그리고, 그러면 (의미 전환을 위한 접속사)

dạo này 요즘

thế nào 어때요 / 어떻게

bình thường 보통, 보통의

Ngữ pháp

1 인칭대명사

1인칭	tôi	나
	mình	① 나(친구 사이) ② 자기, 자신
	tớ	나(친구 사이)
2인칭	bạn	① 너, 당신 ② 친구
	cậu	너(친구 사이)
1인칭 · 2인칭 둘 다 가능	ông	① 할아버지 ② 사회적 지위가 높은 남성
	bà	① 할머니 ② 사회적 지위가 높은 여성
	bác	① 중년 남성, 아저씨 ② 백부, 백모
	chú	① 아저씨 ② 삼촌
	anh	본인보다 나이 많은 남성(형, 오빠)
	chị	본인보다 나이 많은 여성(언니, 누나)
	cô	① 젊은 여성, 아가씨 ② 고모 ③ 여자선생님
	thầy	남자선생님
	em	① 본인보다 어린 사람, 동생 ② 학생
	cháu	① 어린이, 꼬마 ② 손주 ③ 조카
3인칭	2인칭 [ông, bà, bác, chú, anh, chị, cô, thầy, em, cháu] + ấy	
1인칭 복수	우리 (청자 포함) chúng ta	우리 (청자 포함하지 않음) chúng tôi
2인칭 복수	các + 2인칭	
3인칭 복수	các + 2인칭 + ấy	họ 그들

관계를 중요시하는 베트남에서는 호칭의 사용법 또한 관계 중심으로 이루어집니다. 화자와 청자 간의 나이와 관계를 통해 호칭을 정하고 그 호칭을 생략 없이 정확하게 사용합니다.

✓ 베트남어 인칭을 사용할 때는 3가지만 기억해두세요!
첫째, 상대방에 따라 나를 칭하는 게 달라집니다.
둘째, 상대방을 부르는 말이, 곧 나를 칭하는 말이 되기도 합니다.
셋째, 가족, 친척 간의 호칭을 가족이 아닌 다른 사람과의 관계에서도 사용합니다.

2 기본 문형

평서문	주어 + 동사/형용사
부정문	주어 + **không** + 동사/형용사
의문문	주어 + (**có**) + 동사/형용사 + **không?**

✓ 베트남어에서는 동사와 형용사를 구분해서 사용하지 않습니다.
'주어 + be동사 + 형용사'의 어순인 영어와 달리, 베트남어에서는 be동사 없이 바로 형용사를 붙이면 됩니다.

- 난 잘 지내요: <영어> I am fine. → <베트남어> Tôi khỏe.
- 당신 예뻐요: <영어> You are beautiful. → <베트남어> Bạn đẹp.

평서문	**Phở ngon.** 쌀국수는 맛있습니다.
부정문	**Phở không ngon.** 쌀국수는 맛이 없습니다.
의문문	**Phở (có) ngon không?** 쌀국수는 맛있습니까?

⊕이때 (có)의 역할은 뒤에 오는 서술어를 강조하는 역할로, 생략이 가능합니다.

3 명사 + thế nào?

어떤 명사의 상태나 성질, 또는 의견이 어떠한지 묻는 표현입니다.

예 Cà phê Việt Nam thế nào? 베트남 커피 어때요?
Phim đó thế nào? 그 영화 어때요?
Thời tiết Đà Nẵng thế nào? 다낭 날씨 어때요?
Món ăn này thế nào? 이 음식 어때요?

Diễn đạt

1-2

호칭의 경우, 두 사람의 관계에 따라 바뀔 수 있다는 점을 유의해야 합니다.

1 만났을 때 인사 표현

- 1인칭 + (xin) chào + 2인칭 안녕하세요. (1인칭 생략 가능)
- Anh/Chị khỏe không? 잘 지내요?
- Dạo này anh/chị thế nào? 요즘 어때요?

2 헤어질 때 인사 표현

- 1인칭 + (xin) chào + 2인칭 안녕히 계세요. (1인칭 생략 가능)
- Tạm biệt. 잘 가요.
- Hẹn gặp lại. 다음에 또 봐요.
- Lần sau gặp nhé. 다음에 봐요.

3 여러 가지 안부 인사 표현

- Khỏe. / Khỏe chứ. 잘 지내요.
- Tốt. 좋아요.
- Bình thường (thôi). 그냥 그래요.
- Không khỏe lắm. 별로 안 좋아요.
- Mệt lắm. 너무 피곤해요.
- Tuyệt vời. 정말 좋아요.
- Không có gì đặc biệt. 특별한 거 없어요.
- Vẫn vậy. / Vẫn thế. 여전히 그냥 그래요.

Bài nói

1-3

상황 안부를 물어보는 상황 1

A: Em chào chị! Chị khỏe không?

B: Chị bình thường thôi. Còn em?

A: Em thì tốt.

A: 안녕하세요 언니(누나)! 잘 지내요?

B: 그냥 그래. 넌 어때?

A: 전 좋아요.

상황 안부를 물어보는 상황 2

A: Chào cậu. Lâu lắm rồi mới gặp cậu. Dạo này cậu thế nào?

B: Dạo này tớ vẫn vậy. Cậu khỏe không?

A: Tớ khỏe chứ. Hẹn gặp lại.

B: Ừ, lần sau gặp nhé.

A: 안녕. 오랜만이야. 요즘 어때?

B: 요즘 나 그냥 그래. 잘 지내지?

A: 잘 지내지. 다음에 또 봐.

B: 응. 다음에 봐.

Luyện tập

1-4

- Lâu quá không gặp anh/chị. 오랜만이네요.
- Anh/Chị có khỏe không? 잘 지내요?
- Anh/Chị khỏe. 잘 지내요.
- Dạo này anh/chị thế nào? 요즘 어때요?
- Anh/Chị bình thường. 그냥 그래요.

Bài tập

1-5

1 녹음을 듣고 빈칸을 채워보세요.

1 A: Chào anh.

B: ______________________________

2 A: Xin chào ông.

B: ______________________________

3 A: ______________________________

B: Tớ bình thường.

4 A: ______________________________

B: Em cũng khỏe.

2 다음 평서문을 의문문과 부정문으로 만들어 보세요.

1 Chị ấy khỏe. 그녀는 잘 지냅니다.

- 의문문: ______________________________
- 부정문: ______________________________

2 Phim đó hay. 그 영화는 재밌습니다.

- 의문문: ______________________________
- 부정문: ______________________________

3 Anh Hùng mệt. 훙 씨는 피곤합니다.

- 의문문: ______________________________
- 부정문: ______________________________

③ **다음 대화를 순서에 맞게 나열하세요.**

a Chào em. Cô khỏe.

b Em cũng khỏe.

c Em chào cô, cô có khỏe không?

d Dạo này em thế nào?

( ) → ( ) → ( ) → ( )

BÀI 02

이름·국적 나는 한국인입니다.

Tôi là người Hàn Quốc.

Từ vựng

rất 매우, 아주

vui 즐거운

được + 동사
~ 하게 되다 (긍정의 수동태)

tên 이름

là ~ 이다 (be동사)

của ~ 의 (소유격) / ~ 의 것이다 (소유대명사)

gì 무엇

cũng 또한, 역시

hân hạnh 기쁜, 반가운

người 사람

phải 옳은, 맞는

nước 나라 / 물

nào 어느, 어떤

thế à 그래요, 그렇군요

nhưng 그러나

giỏi 잘하는

tiếng
언어 / 소요시간 / 소리

Hội thoại

2-1

Hải: Chào chị. Rất vui được gặp chị. Tôi tên là Hải.
짜오 찌. 젓 부이 드억 갑 찌. 또이 뗀 라 하이.

Còn tên của chị là gì?
껀 뗀 꾸어 찌 라 지?

A-Young: Chào anh. Tôi cũng rất hân hạnh được gặp anh.
짜오 아인. 또이 꾸움 젓 헌 하인 드억 갑 아인.

Tên tôi là A-Young.
뗀 또이 라 아영.

Anh là người Việt Nam có phải không?
아인 라 응어이 뷔엣 남 꺼 파이 콤?

Hải: Phải. Tôi là người Việt Nam. Chị là người nước nào?
파이. 또이 라 응어이 뷔엣 남. 찌 라 응어이 느억 나오?

A-Young: Tôi là người Hàn Quốc.
또이 라 응어이 한 꾸억.

Hải: Thế à? Nhưng chị giỏi tiếng Việt quá!
테 아? 늬응 찌 죠이 띠엥 뷔엣 꾸아!

하이: 안녕하세요. 만나서 반가워요. 내 이름은 하이예요.
그런데 당신의 이름은 무엇인가요?

아영: 안녕하세요. 나도 당신을 만나서 정말 기뻐요.
내 이름은 아영입니다.
당신은 베트남인이 맞나요?

하이: 맞아요. 나는 베트남인이에요. 당신은 어느 나라 사람인가요?

아영: 나는 한국인입니다.

하이: 그래요? 그런데 당신은 베트남어를 정말 잘하네요!

Ngữ pháp

1 소유격 của

'~ 의'라는 의미로 소유격을 나타냅니다. 문장에서 생략 가능합니다.

A của B	B의 A

예 gia đình của tôi 나의 가족
sinh nhật của bạn 친구의 생일 / 당신의 생일

'~ 의 것'이라는 의미로 소유대명사로도 사용됩니다. 이때는 생략할 수 없습니다.

của B	B의 것

예 Đây là của tôi. 이것은 나의 것입니다.
Em là của anh. 넌 내 거야.
Thắng lợi là của chúng tôi. 승리는 우리의 것입니다.

2 là 가 있는 문장의 형식

평서문	주어 + **là** + 명사
부정문	주어 + **không phải** + **là** + 명사
의문문	① 주어 + **là** + 명사 + **(có) phải không?** ② 주어 + **(có) phải là** + 명사 + **không?**

앞선 문장의 형태에서는 단순히 'không'만 붙이면 부정문과 의문문이 만들어졌지만, là를 가진 문장, 즉 명사를 가진 문장은 'phải'와 함께 쓰여 '맞지 않습니다 / 맞습니까?'와 같은 형태로 표현해야 합니다.

평서문	Chị ấy là giáo viên. 그녀는 선생님입니다.
부정문	Chị ấy không phải là giáo viên. 그녀는 선생님이 아닙니다.
의문문	Chị ấy là giáo viên (có) phải không? = Chị ấy (có) phải là giáo viên không? 그녀는 선생님이 맞습니까?

3 의문사 gì 와 nào

베트남어에서 의문사가 있는 문장은 어떠한 형식 없이 자동으로 의문문이 만들어집니다. 'gì'는 '무엇', 'nào'는 '어떤, 어느'라는 의미의 의문사입니다.

| 주어 + 동사 + (명사) + gì? → 주어는 무엇을 '동사' 합니까? |

예 A: Anh ăn gì? 당신은 무엇을 먹습니까?
B: Tôi ăn phở. 나는 쌀국수를 먹습니다.

| 주어 + là + gì? → 주어는 무엇입니까? |

예 A: Sở thích của chị là gì? 당신의 취미가 무엇입니까?
B: Sở thích của tôi là bơi lội. 나의 취미는 수영입니다.

| 주어 + 동사 + 명사 + nào? → 주어는 '어느, 어떤 명사'를 '동사' 합니까? |

예 A: Anh học tiếng nào? 당신은 어떤 언어를 공부합니까?
B: Tôi học tiếng Việt. 나는 베트남어를 공부합니다.

| 주어 + là + 명사 + nào? → 주어는 '어느, 어떤 명사'입니까? |

예 A: Chị ấy là người nước nào? 그녀는 어느 나라 사람입니까?
B: Chị ấy là người Mỹ. 그녀는 미국인입니다.

✓ 'nào' 앞에는 항상 '명사'가 있어야 합니다.

✓ 의문사 유무에 따른 문장 비교

Anh (có) học không? 당신은 공부하나요?
Anh học gì? 당신은 무엇을 공부하나요?

Chị (có) thích cà phê không? 당신은 커피를 좋아합니까?
Chị thích cà phê nào? 당신은 어떤 커피를 좋아합니까?

4 được + 서술어

'được'은 '되다, 얻다, 가능하다' 등 여러 가지 의미를 가진 동사이지만, 'được + 동사/형용사'의 형태가 되면 '~ 하게 되다' 혹은 강조의 의미가 됩니다.

예 Tôi được đi Việt Năm. 나는 베트남을 가게 되었다.
Chị ấy được nghỉ. 그녀는 쉬게 되었다.

Diễn đạt

2-2

| 국가 |

한국	Hàn Quốc	베트남	Việt Nam
일본	Nhật Bản	중국	Trung Quốc
미국	Mỹ / Mĩ	영국	Anh
독일	Đức	프랑스	Pháp
호주	Úc	이탈리아	Ý
스페인	Tây Ban Nha	러시아	Nga
태국	Thái Lan	라오스	Lào
캄보디아	Cam-pu-chia	홍콩	Hồng Kông
인도	Ấn Độ	인도네시아	In-đô-nê-sia
대만	Đài Loan	북한	Bắc Hàn / Bắc Triều Tiên

| 사람 & 언어 |

사람 (người + 나라)		언어 (tiếng + 나라)	
한국인	người Hàn (Quốc)	한국어	tiếng Hàn (Quốc)
베트남인	người Việt (Nam)	베트남어	tiếng Việt (Nam)
일본인	người Nhật (Bản)	일본어	tiếng Nhật (Bản)
중국인	người Trung (Quốc)	중국어	tiếng Trung (Quốc)
미국인	người Mỹ	영어	tiếng Anh
영국인	người Anh	영어	tiếng Anh
독일인	người Đức	독일어	tiếng Đức

*나라 이름은 항상 대문자로 표기합니다.

1 만났을 때 인사 표현 (2)

- Rất vui được gặp anh/chị. 만나서 반가워요.
- Rất hân hạnh được gặp anh/chị. 당신을 만나서 정말 기뻐요.
- Tôi vui được làm quen với anh/chị. 당신과 친해지게 되어서 좋아요.
- Tôi hạnh phúc được biết anh/chị. 당신을 알게 되어서 행복해요.

2 이름을 묻는 표현

- Anh/Chị tên là gì? 당신 이름이 뭐예요?
  = Tên của anh/chị là gì?
  = Tên anh/chị là gì?
- Họ của anh/chị là gì? 당신 성씨는 뭐예요?

3 국적을 묻는 표현

- Anh/Chị là người nước nào? 당신은 어느 나라 사람인가요?
- Anh/Chị đến từ đâu? 당신은 어디에서 왔나요?
- Quốc tịch của anh/chị là gì? 당신의 국적은 무엇인가요?

Bài nói

2-3

상황 서로의 국적과 이름에 대해 물어보는 상황

A: Chào anh. Tôi vui được làm quen với anh.

B: Tôi cũng vậy. Quốc tịch của anh là gì?

A: Quốc tịch của tôi là Nhật Bản. Còn anh đến từ đâu?

B: Tôi đến từ Việt Nam. Tên của anh là gì?

A: Tôi tên là Yu-Ki. Còn anh tên là gì?

B: Tôi tên là Nguyễn Quốc Bình.

A: 안녕하세요. 당신과 친해지게 되어서 좋아요.
B: 나도 그래요. 당신의 국적은 무엇인가요?
A: 나의 국적은 일본이에요. 그럼 당신은 어디에서 왔나요?
B: 나는 베트남에서 왔어요. 당신의 이름은 뭐예요?
A: 내 이름은 유키예요. 당신의 이름은요?
B: 내 이름은 응우엔 꾸억 빈이에요.

Luyện tập

2-4

- Rất vui được gặp anh/chị. 만나서 반가워요.
- Tên của chị/anh là gì? 당신의 이름은 무엇인가요?
- Tôi tên là Linh. 내 이름은 린이에요.
- Anh/Chị là người nước nào? 당신은 어느 나라 사람인가요?
- Anh/Chị là người Việt Nam có phải không? 당신은 베트남인이 맞나요?
- Tôi là người Hàn Quốc. 나는 한국인이에요.

Bài tập

2-5

1 녹음을 듣고 빈칸을 채워보세요.

1 ....

2 ....

3 ....

4 ....

2 다음 대답에 어울리는 질문을 만드세요.

1 A: ....

B: Tôi tên là A-Young.

2 A: ....

B: Tôi là người Hàn Quốc.

3 A: ....

B: Không phải, tôi không phải là người Việt Nam.

4 A: ....

B: Tôi cũng rất vui được gặp chị.

3 다음 문장에서 틀린 부분을 찾아 고쳐 쓰세요.

1 Tôi là ăn cơm.

....

2 Em của tên là Hoa.

....

3 Anh là người Anh không?

....

4 Phở Việt Nam ngon rất.

....

BÀI 03

직업·장소 당신은 어디에서 일합니까?

Chị làm việc ở đâu?

Hội thoại

3-1

Loan: Xin giới thiệu với chị. Đây là Trung, bạn của em.
씬 져이 티에우 붜이 찌. 더이 라 쭘, 반 꾸어 앰.

Thảo: Chào anh. Tôi là Thảo và đang làm việc ở ngân hàng.
짜오 아인. 또이 라 타오 봐 당 람 뷔엑 어 응언 항.

Anh làm nghề gì?
아인 람 응에 지?

Trung: Tôi là nhân viên ở công ty thương mại.
또이 라 년 뷔엔 어 꼼 띠 트엉 마이.

Còn chị sống ở đâu?
껀 찌 쏨 어 더우?

Thảo: Tôi sống ở quận 1 thành phố Hồ Chí Minh.
또이 쏨 어 꾸언 못 타인 포 호 찌 민.

Nhà của anh ở đâu?
냐 꾸어 아인 어 더우?

Trung: Quê tôi ở Hà Nội nhưng tôi đang ở quận 7 vì công việc.
꾸에 또이 어 하 노이 늬응 또이 당 어 꾸언 바이 뷔 꼼 비엑.

로안: 언니에게 소개할게요. 여기는 제 친구 쭘이에요.

타오: 안녕하세요. 나는 타오이고 은행에서 일하고 있어요.
당신은 직업이 뭐예요?

쭘: 나는 무역회사에 있는 직원이에요.
그러면 당신은 어디에 사나요?

타오: 나는 호치민시 1군에서 살아요.
당신의 집은 어디에 있나요?

쭘: 내 고향은 하노이지만 업무 때문에 7군에 있는 중이에요.

Từ vựng

xin 청하다

giới thiệu với ~ ~ 에게 소개하다

làm việc 일하다

ở ~ 에, ~ 에서 / ~ 에 있다

ngân hàng 은행

làm nghề 직업에 종사하다

nhân viên 직원

công ty 회사

thương mại 무역

sống 살다

đâu 어디

quận 구 (행정 구역)

thành phố 도시, 시

nhà 집

quê 고향

vì ~ 때문에

công việc 업무, 일

Ngữ pháp

1 시제 표현

베트남어는 시제에 따라 서술어의 형태가 바뀌지는 않습니다. 다만, 서술어 앞에 다음과 같은 시제 부사를 붙여서 나타냅니다.

과거	현재진행	미래
đã + 서술어	đang + 서술어	sẽ + 서술어

예 Tôi ăn phở. 나는 쌀국수를 먹습니다.

- 과거 Tôi đã ăn phở. 나는 쌀국수를 먹었습니다.
- 현재진행 Tôi đang ăn phở. 나는 쌀국수를 먹고 있습니다.
- 미래 Tôi sẽ ăn phở. 나는 쌀국수를 먹을 것입니다.

2 의문사 đâu

'đâu'는 '어디'라는 의미로 장소를 물을 때 쓰는 의문사입니다. 전치사 ở (~ 에/~ 에서)와 결합해서 쓰는 경우가 많습니다.

주어 + 동사 + ở đâu? 주어는 어디에서 동사합니까?	Anh sống ở đâu? 당신은 어디에서 삽니까? Chị làm việc ở đâu? 당신은 어디에서 일합니까? Chúng ta gặp ở đâu? 우리는 어디에서 만납니까?
주어 + ở đâu? 주어는 어디에 있습니까?	Công ty của anh ở đâu? 당신의 회사는 어디에 있습니까? Bây giờ em ở đâu? 지금 너 어디에 있니? Sách tiếng Việt ở đâu? 베트남어 책이 어디에 있습니까?

✓ '어디 갑니까?'는 '주어 + đi đâu?'와 같이 표현해야 합니다.

3 직업 물어보기

직업을 묻는 표현으로는 다음과 같은 표현들이 있습니다.

- 인칭 + làm nghề gì?
- Nghề nghiệp của 인칭 + là gì?
- Dạo này 인칭 + làm gì?

예 A: Anh làm nghề gì? 당신은 무슨 일을 하십니까?
B: Tôi là công chức. 나는 공무원입니다.

A: Nghề nghiệp của chị là gì? 당신의 직업은 무엇입니까?
B: Tôi là bác sĩ ở bệnh viện Hà Nội. 나는 하노이 병원에 있는 의사입니다.

✓ 대답할 때는 'là + 직업'의 형태로 많이 쓰지만 'làm + 직업'으로도 표현할 수 있습니다.

4 주소 표기법

베트남의 주소 표기법은 한국과는 반대로 가장 작은 행정 단위부터 표기합니다.

예 Số 5, Đường Trần Hưng Đạo, Quận Đống Đa, Hà Nội, Việt Nam.
베트남 하노이 동다구 쩐흥다오로 5번지

số	번지
đường	길, 로
quận	군, 구

5 숫자 표현 (1): 0 - 10

숫자는 'số'라고 하며 '번호'라는 의미도 있습니다.

0	không
1	một
2	hai
3	ba
4	bốn
5	năm
6	sáu
7	bảy (= bẩy)
8	tám
9	chín
10	mười

Diễn đạt

3-2

| 직업 |

학생 (초·중·고)	học sinh	대학생	sinh viên
선생님	giáo viên	교수	giáo sư
강사	giảng viên	비서	thư ký
직원	nhân viên	회사원	nhân viên công ty
사업가	doanh nhân / thương gia	건축가	kiến trúc sư
의사	bác sĩ	간호사	y tá
약사	dược sĩ	경찰	cảnh sát / công an
가수	ca sĩ	배우	diễn viên
변호사	luật sư	엔지니어	kỹ sư
신문기자	nhà báo	회계사	kế toán
군인	quân nhân	안내원	hướng dẫn viên
주부	nội trợ	요리사	đầu bếp
공무원	công chức	농부	nông dân

| 장소 |

학교	trường (học)	회사	công ty
교실	phòng học	사무실	văn phòng
은행	ngân hàng	우체국	bưu điện
도서관	thư viện	서점	nhà sách
역	ga	공항	sân bay
호텔	khách sạn	숙소 / 게스트하우스	nhà nghỉ
병원	bệnh viện	약국	nhà thuốc

시장	chợ	백화점/쇼핑몰	trung tâm thương mại
가게	cửa hàng	식당	nhà hàng / quán ăn
편의점	cửa hàng tiện lợi / cửa hàng tạp hóa		
커피숍	quán cà phê	영화관	rạp (chiếu phim)
슈퍼마켓	siêu thị	공장	nhà máy / công xưởng
외국어센터	trung tâm ngoại ngữ	방송국	đài truyền hình
주유소	trạm xăng	경찰서	đồn cảnh sát / bốt cảnh sát

1 직업을 묻는 표현

- Anh/Chị làm nghề gì? 당신은 무슨 일을 하세요?
- Nghề nghiệp của anh/chị là gì? 당신의 직업은 무엇인가요?
- Dạo này anh/chị làm gì? 요즘 당신 뭐하세요?

2 장소/위치를 묻는 표현

- Anh/Chị làm việc ở đâu? 당신은 어디에서 일해요?
- Công ty của anh/chị ở đâu? 당신의 회사는 어디에 있나요?
- Anh/Chị đi đâu? 당신 어디 가요?

Bài nói

3-3

(상황) 오랜만에 만나서 서로의 일에 대해 물어보는 상황

A: Em làm nghề gì?

B: Nghề nghiệp của em là y tá. Em làm việc ở bệnh viện đa khoa.
Dạo này chị đang làm gì?

A: Chị làm giảng viên ở trung tâm tiếng Việt.
Em đang đi đâu đấy?

B: Em đang đi siêu thị. Lần sau gặp lại chị nhé.

A: Ừ. Hẹn gặp lại lần sau.

A: 너 무슨 일해?

B: 제 직업은 간호사예요. 저는 종합병원에서 일해요.
요즘 언니(누나)는 무슨 일을 하고 있나요?

A: 나는 베트남어 학원에서 강사 일을 해.
너 어디 가는 중이야?

B: 저 슈퍼마켓 가는 중이에요. 다음에 또 봐요.

A: 응. 다음에 보자.

Luyện tập

3-4

- Anh/Chị làm nghề gì? 당신은 직업이 뭐예요?
- Tôi là nhân viên công ty. 나는 회사원입니다.
- Tôi đang làm việc ở ngân hàng. 나는 은행에서 일하는 중입니다.
- Nhà của anh/chị ở đâu? 당신의 집은 어디에 있나요?
- Anh/Chị sống ở đâu? 당신은 어디에 사나요?
- Tôi sống ở thành phố Hồ Chí Minh. 나는 호치민에 살아요.

Bài tập

3-5

1 녹음을 듣고 빈칸을 채워보세요.

1 A: Anh đã ăn gì?

B: ______________________

2 A: Chị đang ở đâu?

B: ______________________

3 A: ______________________

B: Nhà của tôi ở Busan.

4 A: ______________________

B: Tôi làm bác sĩ ở bệnh viện.

2 <보기>에서 알맞은 동사를 골라 빈칸에 써보세요.

| 보기 |

xem nghe uống viết đến

(xem 보다 nghe 듣다 uống 마시다 viết 쓰다 đến 도착하다)

1 Tôi __________ nhạc.

2 Chị ấy __________ cà phê.

3 Anh ấy __________ công ty.

4 Cậu ấy __________ thư.

5 Chúng tôi __________ phim.

3 다음 문장에서 틀린 부분을 찾아 고쳐 쓰세요.

1 Anh làm việc đang ở ngân hàng.

2 Em đã đi ở đâu?

3 Thư viện ở nào?

4 Nhà của tôi ở Việt Nam thành phố Hồ Chí Minh.

BÀI 04

나이·소개 올해 당신은 몇 살입니까?

Năm nay anh bao nhiêu tuổi?

Hội thoại

4-1

Tuấn: Mai ơi! Đây là ảnh của gia đình mình.
마이 어이! 더이 라 아인 꾸어 쟈 딘 민.

Mai: Thế à? Người ngồi trước cậu là ai?
테 아? 응어이 응오이 쯔억 꺼우 라 아이?

Tuấn: Người đó là em gái của mình đấy.
응어이 더 라 앰 가이 꾸어 민 더이.

Mai: Em xinh đẹp quá! Năm nay em bao nhiêu tuổi?
앰 씬 댑 꾸아! 남 나이 앰 바오 니에우 뚜오이?

Tuấn: Em 19 tuổi. Bây giờ em mình là học sinh lớp 12.
앰 므이 찐 뚜오이. 버이 져 앰 민 라 헙 씬 럽 므이 하이.
Còn cậu có mấy anh chị em?
껀 꺼우 꺼 머이 아인 찌 앰?

Mai: Mình thì không có anh chị em. Mình ghen tị với cậu quá!
민 티 콤 꺼 아인 찌 앰. 민 갠 띠 붜이 꺼우 꾸아!

뚜언: 마이야! 여기 우리 가족 사진이야.
마이: 그래? 너 앞에 앉아 있는 사람은 누구야?
뚜언: 그 사람은 내 여동생이야.
마이: 동생 정말 예쁘구나! 올해 동생 몇 살이야?
뚜언: 동생은 19살이야. 지금 내 동생은 고등학교 3학년이야.
그러면 너는 형제자매가 몇 명이야?
마이: 나는 형제자매가 없어. 나는 네가 정말 부러워!

Từ vựng

ảnh 사진
gia đình 가족
ngồi 앉다
trước 앞 / 전 / 먼저
ai 누구
em gái 여동생
đấy 앞의 표현을 강조하기 위해 사용하는 문미 조사 (의미 없음)
xinh / đẹp 예쁜, 아름다운
năm nay 올해, 금년
tuổi 나이
bây giờ 지금
học sinh 학생 (초·중·고)
lớp 학년 / 학급
ghen tị với ~ ~(을)를 부러워하다
quá 정말 (감탄문에 사용)

Ngữ pháp

1 인칭 + ơi

누군가를 부를 때 사용하는 표현으로 'ơi' 앞에는 이름이나 인칭대명사가 옵니다. 이때 상대방이 나이가 더 많은 연장자일 경우 'ơi'로 대답할 수 있습니다.

예 Em ơi! 얘야! ('저기, 여기'의 느낌으로 어린 직원을 부를 때 사용)
Chú ơi! 아저씨! / 삼촌!
Trời ơi! 하늘아! ('이럴수가, 어머나'의 느낌으로 놀람과 아쉬움 등을 표현하는 감탄사)

2 지시 대명사와 지시 형용사

지시 대명사는 특정한 사람, 동물, 장소, 사물을 지시하는 대명사로 단독으로 사용이 가능합니다.

지시 대명사		지시 형용사	
đây	이분/이것/여기	명사 + này	이 ~
kia	저분/저것/저기	명사 + kia	저 ~
đó / đấy	그분/그것/거기	명사 + ấy 명사 + đó 명사 + đấy	그 ~

예 Đây là đâu? 여기가 어디입니까?
Kia là anh trai của em. 저분은 제 오빠(형)입니다.
Đó là cái mũ của mình. 그것은 나의 모자예요.
Người này là ai? 이 사람은 누구예요?
Cái kia là cái gì? 저것은 무엇입니까?
Nơi đó rất tốt. 그곳은 정말 좋아요.

3 의문사 ai

'누구, 누가'라는 의미를 가진 'ai'는 위치에 따라 자연스럽게 격이 결정됩니다. 주어 자리에 위치하면 '누가', 목적어 자리에 위치하면 '누구를'처럼 자연스럽게 해석해주면 됩니다.

예 Ai đi Việt Nam? 누가 베트남을 갑니까?
Anh ấy đang gặp ai? 그는 누구를 만나고 있나요?
Ai yêu ai? 누가 누구를 사랑하나요?

4 수량 의문사 mấy 와 bao nhiêu

'mấy'와 'bao nhiêu'는 모두 수량을 묻는 수량 의문사입니다.

mấy 몇	bao nhiêu 얼마나 많은
구체적이며 비교적 적은 수를 물을 때	많은 양이나 비교적 큰 수를 물을 때

✓ 보통 'mấy'는 10단위 이하를 묻는 경우에 사용하며, 'bao nhiêu'는 10단위 이상을 물을 때 사용한다고 하지만, 이는 묻는 사람의 추측 및 생각에 따라 다르게 사용될 수 있습니다.

예 Cháu mấy tuổi? 얘야 몇 살이니?
Năm nay anh bao nhiêu tuổi? 올해 당신은 몇 살입니까?
Gia đình của em có mấy người? 너의 가족은 몇 명이니?
Năm sinh của chị là bao nhiêu? 당신은 몇 년생입니까?

5 숫자 표현 (2): 11 - 99

11	mười một	21	hai mươi mốt
12	mười hai	22	hai mươi hai
13	mười ba	23	hai mươi ba
14	mười bốn	24	hai mươi bốn/tư
15	mười lăm	25	hai mươi lăm
16	mười sáu	26	hai mươi sáu
17	mười bảy	27	hai mươi bảy
18	mười tám	28	hai mươi tám
19	mười chín	29	hai mươi chín
20	hai mươi	30	ba mươi

*24부터는 1의 자리에 4가 오면 한자어 숫자 'tư'로 표현하기도 합니다.

✓ 두자리 숫자의 3가지 규칙 변화

① 1의 자리에 '5'가 오면: năm → lăm (15, 25, 35, …, 95)

② 1의 자리에 '0'이 오면: mười → mươi (20, 30, 40, …, 90)

③ 1의 자리에 '1'이 오면: một → mốt (21, 31, 41, …, 91)

*주의: 11은 바뀌지 않는다는 것!

Diễn đạt

4-2

1 나이를 묻는 표현

- Năm nay anh/chị bao nhiêu tuổi? 올해 당신은 몇 살이에요?
- Em mấy tuổi rồi? 너 몇 살이지?
- Anh/Chị tuổi con gì? 당신은 무슨 띠세요?
- Anh/Chị sinh năm bao nhiêu? 당신은 몇 년생인가요?
  = Năm sinh của anh/chị là bao nhiêu?

2 학년을 묻는 표현

- Em là học sinh lớp mấy? 너는 몇 학년이야? (초·중·고등학생)
- Em là sinh viên năm thứ mấy? 너는 몇 학년이야? (대학생)

Bài nói

4-3

(상황) 서로의 나이를 물어보는 상황

A: Năm nay chị bao nhiêu tuổi?

B: Năm nay tôi 23 tuổi.

A: Vậy, năm sinh của chị là 1998 phải không?

B: Phải. Còn chị bao nhiêu tuổi?

A: Chúng ta bằng tuổi nhau. Tôi cũng sinh năm 1998 và là sinh viên năm thứ 4. Rất vui được gặp cậu.

B: Thật à? Hay quá! Mình cũng rất vui được gặp cậu.

A: 올해 당신 몇 살이에요?

B: 올해 나는 23살이에요.

A: 그럼, 1998년생 맞아요?

B: 맞아요. 당신은 몇 살이에요?

A: 우리 서로 동갑이야. 나도 1998년생이고 대학교 4학년이야. 만나서 반가워.

B: 정말? 잘 됐다! 나도 만나서 반가워.

Luyện tập

4-4

- Đây là ai? 이 분은 누구인가요?
- Đây là bạn của tôi. 이 분은 내 친구예요.
- Năm nay anh/chị bao nhiêu tuổi? 올해 당신은 몇 살인가요?
- Tôi ba mươi tư tuổi. 나는 34살이에요.
- Gia đình của anh/chị có mấy người? 당신의 가족은 몇 명인가요?
- Gia đình của tôi có bốn người? 우리 가족은 4명이에요.

Bài tập

4-5

① 녹음을 듣고 빈칸을 채워보세요.

1 A: Ai là giám đốc?

B: ____________________

2 A: Em bao nhiêu tuổi?

B: ____________________

3 A: ____________________

B: Cháu 7 tuổi.

4 A: ____________________

B: Gia đình của tôi có 4 người.

② 아래 단어들을 바르게 배열하여 문장을 완성하세요.

1 là / ai / ngồi / anh / người / trước

____________________?

2 lớp 7 / em / là / không / phải / học sinh

____________________?

3 của / em trai / kia / mình / là

____________________.

③ 다음 숫자를 베트남어로 써보세요.

11		55	
15		67	
20		79	
21		80	
34		99	

BÀI 05

시간 지금은 저녁 7시입니다.

Bây giờ là bảy giờ tối.

Từ vựng

ăn 먹다

tối 저녁

cùng 함께 / 같은

đi 가다 / ~ 해, 해요

tốt 좋은

đói bụng 배고픈

giờ 시

rồi 이미 ~ 했다

phút 분

sao 왜 / 어째서 / 별

gấp 급한

phải + 동사 ~ 해야 한다

ghé vào ~ ~ 에 들르다

một chút 조금 / 잠깐

sau 뒤 / 다음 / 나중

lát nữa 조금 후에, 이따가

lại 다시, 또

nhé ~ 해, 해요

Hội thoại

5-1

Bình: Bây giờ anh định đi ăn tối. Chúng ta cùng đi đi!
버이 저 아인 딘 디 안 또이. 쭘 따 꿈 디 디!

Linh: Tốt quá. Em cũng đói bụng. Nhưng bây giờ là mấy giờ rồi?
뜻 꾸아. 앰 꾸움 더이 붐. 니응 버이 저 라 머이 저 죠이?

Bình: Bây giờ là 6 giờ 30 phút tối. Sao vậy?
버이 저 라 싸우 저 바머이 풋 또이. 싸오 붜이?

Linh: Vì em có việc gấp nên em phải ghé vào nhà một chút.
뷔 앰꺼 뷔액 겁 넨 앰 퐈이 개 봐오 냐 못 쭛.

1 tiếng sau có được không anh?
못 띠엥 싸우 꺼 드억 콤 아인?

Bình: Được chứ! Anh sẽ ở quán cà phê kia.
드억 쯔! 아인 쌔 어 꾸안 까 페 끼어.

Linh: Cám ơn anh! Lát nữa chúng ta gặp lại nhé!
깜 언 아인! 랏 느어 쭘 따 갑 라이 내!

빈: 지금 오빠 저녁 먹으러 가려고 해. 우리 함께 가자!

린: 좋아요. 저도 배고파요. 그런데 지금 몇 시가 되었죠?

빈: 지금 저녁 6시 30분이야. 왜 그래?

린: 제가 급한 일이 있어서 집에 잠깐 들러야 해요.
1시간 후 가능할까요 오빠?

빈: 가능하지! 오빠 저 커피숍에 있을게.

린: 고마워요! 조금 있다가 우리 다시 만나요!

Ngữ pháp

1 시간 표현

시간을 표현하는 방법은 한국어와 동일하게 〈시 → 분 → 초〉의 순서로 쓰며, 하루 시간대를 나타내는 표현은 제일 뒤에 위치합니다.

✓ 하루 시간대

시	giờ
분	phút
초	giây

아침	(buổi) sáng
점심	(buổi) trưa
오후	(buổi) chiều
저녁	(buổi) tối
밤	(ban) đêm

'buổi'는 하루를 나누는 시간대의 단위이며, 시각 표현과 함께 사용할 때는 같이 쓰이지 않습니다.

예 7 giờ 20 phút tối 저녁 7시 20분

그럼 주요 시간 표현에 대해 알아보겠습니다.

rưỡi	반, 절반	예 4 giờ rưỡi 4시 반
đúng	정각	예 đúng 6 giờ / 6 giờ đúng 정각 6시
kém	~ 전	예 3 giờ kém 5 (phút) 3시 5분 전
hơn / quá	~ 지난, 넘은	예 hơn 9 giờ / quá 9 giờ 9시 조금 넘은
khoảng	약, 대략	예 khoảng 11 giờ 약 11시
chưa đến	아직 ~	예 chưa đến 8 giờ 8시가 아직 안 된

2 ~ lúc mấy giờ? 몇 시에 ~ 합니까?

문장 끝에 'lúc mấy giờ?'를 붙이면 '몇 시에 ~ 합니까?'라는 표현이 됩니다. 전치사 'lúc(~ 에)'이, 앞에 있는 문장과 뒤에 오는 시간 표현을 연결하고 있다고 생각해보세요.

예 Xe buýt đến + lúc mấy giờ? 몇 시에 버스가 도착합니까?
버스가 도착합니다 + 몇 시에?

Chị Lan đi làm + lúc mấy giờ? 몇 시에 란 씨는 일하러 갑니까?
란 씨는 일하러 갑니다 + 몇 시에?

이때 'lúc mấy giờ'가 문장 앞으로 올 수도 있습니다. 이 경우엔 시각 앞에 연결할 문장이 없으므로 전치사 'lúc(~ 에)'을 생략하여 나타냅니다.

예 Mấy giờ + phim bắt đầu? 몇 시에 영화가 시작합니까?
몇 시 + 영화가 시작합니까?

Mấy giờ + chúng ta gặp nhau? 몇 시에 우리 서로 만납니까?
몇 시 + 우리 서로 만납니까?

3 định + 동사

'định'은 '계획하다, ~ 하려고 하다'라는 의미의 동사지만 'đinh + 동사'의 형태로 '~ 할 예정이다, ~ 할 작정이다'라는 의미의 미래 시제로도 사용합니다. 같은 의미로 'dự định'도 있으며 뒤에 'sẽ'를 함께 써도 됩니다.

예 Tôi định đi du lịch Đông Nam Á. 나는 동남아 여행을 갈 예정입니다.
Hôm nay em dự định làm gì? 오늘 너 뭐 할 예정이니?

4 phải + 동사

앞서 배운 'phải'는 '옳다, 맞다'의 의미로 쓰였지만, 'phải + 동사'의 형태가 되면 조동사로써 ' ~ 해야만 한다'의 뜻으로 당위성을 갖게 됩니다.

예 Hôm nay tôi phải về nhà sớm. 오늘 나는 일찍 집에 가야만 합니다.
Các bạn phải học tiếng Việt. 여러분은 베트남어를 공부해야만 합니다.

⊘ 또 이보다 강제성이 덜한 표현으로 〈cần + 동사: ~ 할 필요가 있다〉, 〈nên + 동사: ~ 하는 게 좋겠다〉의 표현도 있습니다.

예 Bạn cần tập thể dục. 당신은 운동을 할 필요가 있습니다.
Em nên học ở trường đại học nào? 제가 어떤 대학교에서 공부를 하는 게 좋을까요?

5 'A 하기 때문에 그래서 B 하다' 구문

'Vì A nên B'는 '왜냐하면 A 하기 때문에 B 하다'의 의미로 'B vì A'와 같이 원인과 결과의 순서를 바꿔서 사용해도 됩니다.

예 (Tại) sao anh học tiếng Việt? 왜 당신은 베트남어를 배우나요?
Vì tôi muốn làm việc ở Việt Nam nên (tôi) học tiếng Việt.
나는 베트남에서 일하고 싶기 때문에 (그래서) 베트남어를 배웁니다.
→ Tôi học tiếng Việt vì (tôi) muốn làm việc ở Việt Nam.
내가 베트남어를 배우는 것은 베트남에서 일하고 싶기 때문입니다.
*주어가 동일할 경우, 생략이 가능합니다.

6 명령 · 청유형의 đi 와 nhé

'đi'는 '가다'라는 의미의 동사로 많이 쓰이지만, 문장의 끝에 'đi'를 사용할 경우 '~ 해 / 해요'의 명령 혹은 청유문이 됩니다. 'nhé' 역시 같은 의미를 가지지만, 좀 더 부드러운 표현으로 제안하는 '~ 할까요 / 합시다'의 청유형에 가까우며, 'nha' 역시 같은 의미로 사용됩니다.

예 Anh ngồi đây đi. 오빠/형 여기 앉아요.
Chúng ta đi đi. 우리 갑시다.
Chúng ta đi xem phim nhé. 우리 영화 보러 가요.

7 문미 조사 chứ

'chứ'는 '맞지, 그치'라는 의미로 문장의 끝에서 당위성을 나타내거나 확신에 찬 질문과 대답에 모두 쓰이는 표현입니다.

예 Có chứ! 있고 말고!
Ngày mai em có thời gian chứ? 내일 너 시간 있지?
Anh khỏe chứ? 오빠(형) 잘 지내죠?

Diễn đạt

5-2

1 시간에 관한 표현

- Bây giờ là mấy giờ (rồi)? 지금 몇 시예요?
- Chúng ta gặp nhau lúc mấy giờ? 우리는 몇 시에 만나요?
- Anh/Chị làm việc từ mấy giờ đến mấy giờ? 몇 시부터 몇 시까지 일해요?
- Anh/Chị làm việc mấy tiếng? 몇 시간 동안 일해요?
- Dạo này tôi không có thời gian. 요즘 나는 시간이 없어요.

2 명령 · 청유에 관한 표현

- Em nói đi. 말해봐.
- Mình đi nhé. 나 갈게.
- Chúng ta nghỉ một chút đi. 우리 조금만 쉬어요.
- Chúng ta học chăm chỉ nha. 우리 열심히 공부해요.

Bài nói

5-3

상황 아는 동생을 길에서 만난 상황

A: Bây giờ em đi đâu đấy?
B: Em đi học tiếng Anh ở quận Gang-Nam.
A: Thế à? Em học từ mấy giờ đến mấy giờ?
B: Từ 2 giờ đến 5 giờ, em học trong 3 tiếng.
Vì có bài thi nên em đang học chăm chỉ.
Chị ơi, bây giờ mấy giờ rồi? Em phải đi nhanh.
A: 1 giờ rưỡi. Em học chăm chỉ đi!
B: Vâng. Em đi nhé. Lần sau chúng ta gặp lại nhé.

A: 지금 너 어디가?
B: 저 강남에 영어 공부하러 가요.
A: 그래? 너 몇 시부터 몇 시까지 공부해?
B: 2시부터 5시까지, 3시간 동안 공부해요.
시험 때문에 열심히 공부하고 있어요.
언니 지금 몇 시인가요? 저 빨리 가야 해요.
A: 1시 반이야. 공부 열심히 해!
B: 예. 저 갈게요. 다음에 우리 또 봐요.

Luyện tập

5-4

- Bây giờ là mấy giờ rồi? 지금은 몇 시입니까?
- Bây giờ là 6 giờ 30 phút tối. 지금은 저녁 6시 30분이에요.
- Anh/Chị đi làm lúc mấy giờ? 당신은 몇 시에 일하러 가나요?
- Tôi đi làm lúc 8 giờ đúng. 나는 정각 8시에 일하러 가요.
- Vì tôi muốn làm việc ở Việt Nam nên (tôi) học tiếng Việt.
나는 베트남에서 일하고 싶어서 베트남어를 배웁니다.
- Lát nữa chúng ta gặp lại nhé. 조금 있다가 우리 다시 만나요.

Bài tập

5-5

1 녹음을 듣고 빈칸을 채워보세요.

1 A: Bây giờ là __________ phải không?
B: Không phải, bây giờ là __________.

2 A: Cậu _____ đi đâu?
B: Mình _______________.

3 A: Chúng ta __________ lúc mấy giờ?
B: Chúng ta ______________________________.

4 A: Món ăn này _______________?
B: Ừ, __________.

2 다음 대답에 어울리는 질문을 만드세요.

1 A: ______________________________
B: Bây giờ là 7 giờ rồi.

2 A: ______________________________
B: 6 giờ mình sẽ về nhà.

3 A: ______________________________
B: Có. Anh có thời gian chứ!

3 다음 빈칸에 들어갈 알맞은 단어를 쓰세요.

1 저녁 9시 반 9 giờ __________

2 아침 8시 5분 전 8 giờ __________

3 약, 대략 2시 __________ 2 giờ

4 정각 10시 10 giờ __________

BÀI 06

날짜·요일 오늘 며칠이에요?

Hôm nay là ngày bao nhiêu?

Hội thoại

6-1

Lan: Em ơi! Hôm nay là ngày bao nhiêu?

Dũng: Hôm nay là ngày 15 tháng 5.

Lan: Ngày 15 rồi á? Thời gian trôi qua nhanh thật. Thứ 7 tuần sau chị sẽ sang Hàn Quốc.

Dũng: Chị đi Hàn Quốc để làm gì?

Lan: Chị đi Hàn Quốc để gặp đồng nghiệp ở công ty trước kia.

Dũng: Thật à? Thế, bao giờ chị về Việt Nam?

Lan: Cuối tháng này chị sẽ về nước. Chị sẽ mua quà về cho em.

란: 저기! 오늘 며칠이야?

즁: 오늘 5월 15일이에요.

란: 벌써 15일이야? 시간 진짜 빠르네. 다음주 토요일에 나 한국에 갈 거야.

즁: 누나 뭘 하려고 한국에 가나요?

란: 이전 회사의 동료를 만나려고 한국에 가.

즁: 진짜요? 그럼, 언제 베트남에 돌아오나요?

란: 이달 말에 귀국할 거야. 널 위한 선물을 챙겨올게.

Từ vựng

hôm nay 오늘

ngày 일

tháng 월

á 입니까? (놀람을 강조)

thời gian 시간

trôi qua (시간이) 지나다

nhanh 빠른

thật 진짜, 정말

tuần sau 다음주

sang 건너다, 지나다

để ~ ~ 하기 위하여

đồng nghiệp 동료

trước kia 이전에

bao giờ 언제

về 돌아오다, 돌아가다 / ~ 에 관해서

cuối tháng 월말

명사 + này 이 (지시 형용사)

quà 선물

cho + 명사 ~ 에게 / ~ 위해

Ngữ pháp

1 날짜 표현

날짜 표기는 한국어와 반대로 〈요일 → 일 → 월 → 년〉의 순서로 쓰며, '날짜 단위(ngày 일 / tháng 월 / năm 년) + 숫자'로 표현합니다.
따라서 날짜를 물어볼 때도 〈요일 / 일 / 월 / 년 + 수량 의문사(mấy / bao nhiêu)〉 형태로 나타낼 수 있습니다.

예 A: Hôm nay là ngày bao nhiêu? 오늘 며칠이에요?
B: Hôm nay là ngày mồng 8. 오늘은 8일입니다.

Hôm nay là chủ nhật ngày 15 tháng 11 năm 2020.
오늘은 2020년 11월 15일 일요일입니다.

⊕ 날짜에서 초순 1 ~ 10일간을 표현할 때는 숫자 앞에 mồng (= mùng)을 붙여 사용합니다.

2 요일 / 서수 표현

요일 표기는 서수 표현과 동일합니다. 일요일은 한자에서 온 '주일'로 나타내고 월요일 ~ 토요일 표기는 '~ 번째'라는 서수 표현과 똑같이 사용합니다.

(1) **요일: thứ + 숫자**

일요일	chủ nhật
월요일	thứ hai (2)
화요일	thứ ba (3)
수요일	thứ tư (4)
목요일	thứ năm (5)
금요일	thứ sáu (6)
토요일	thứ bảy (7)

예 A: Hôm nay là thứ mấy? 오늘은 무슨 요일이에요?
B: Hôm nay là thứ hai. 오늘은 월요일입니다.

(2) 서수: thứ + 숫자

thứ + 숫자	
첫 번째	thứ nhất
두 번째	thứ hai
세 번째	thứ ba
네 번째	thứ tư
다섯 번째	thứ năm
여섯 번째	thứ sáu
일곱 번째	thứ bảy
여덟 번째	thứ tám
아홉 번째	thứ chín
열 번째	thứ mười

✓ 단, 첫 번째와 네 번째는 앞서 배웠던 숫자 표현이 아닌 한자어 숫자로 표현합니다.

예 A: Đây là lần thứ mấy? 이번이 몇 번째입니까?

B: Đây là lần thứ nhất. 이번이 첫 번째입니다.

✚ 'lần'은 '번, 회차'라는 뜻으로 함께 사용할 수 있습니다.

3 의문사 bao giờ

'bao giờ'는 '언제'라는 뜻의 의문사로, 문장의 앞에서는 미래, 문장의 끝에서는 과거를 묻는 표현이 되며, 같은 의미로 'khi nào'와 'lúc nào'가 있습니다. 덧붙여서, 아직 일어나지 않은 미래에 관한 '언제'로만 쓰이는 'chừng nào'도 있습니다.

미래	과거
Bao giờ + 주어 + (**sẽ**) 동사 + 목적어? **Khi nào** + 주어 + (**sẽ**) 동사 + 목적어? **Lúc nào** + 주어 + (**sẽ**) 동사 + 목적어? **Chừng nào** + 주어 + (**sẽ**) 동사 + 목적어?	주어 + (**đã**) 동사 + 목적어 + **bao giờ**? 주어 + (**đã**) 동사 + 목적어 + **khi nào**? 주어 + (**đã**) 동사 + 목적어 + **lúc nào**? 주어 + (**đã**) 동사 + 목적어 + **hồi nào?**

예 Bao giờ chị (sẽ) đi công tác? 당신은 언제 출장을 갈 건가요?

Chị (đã) đi công tác bao giờ? 당신은 언제 출장을 갔었나요?

Khi nào các bạn (sẽ) đến đây? 여러분은 언제 여기에 올 건가요?

Các bạn (đã) đến đây khi nào? 여러분은 언제 여기에 왔었나요?

4 để + 동사와 cho + 명사 용법

'để'와 'cho' 모두 뒤에 목적을 붙여 쓸 수 있지만 'để'는 동사/형용사와 결합하여 '~ 하기 위해서, ~ 하려고', 'cho'는 명사와 결합하여 '~ 위해, ~ 에게'의 의미로 쓰입니다.

예 Chúng tôi đang góp tiền để đi du lịch.
여행을 가려고 우리는 돈을 모으고 있습니다.

Tôi đang học tiếng Việt để làm việc ở Việt Nam.
베트남에서 일하기 위해서 베트남어를 배우는 중입니다.

Anh ấy chuẩn bị hoa cho bạn gái.
그는 여자친구를 위해 꽃을 준비합니다.

Em dạy tiếng Hàn cho người nước ngoài.
저는 외국인에게 한국어를 가르칩니다.

5 숫자 표현 (3): 100 이상

100	một trăm
200	hai trăm
300	ba trăm
400	bốn trăm
500	năm trăm
600	sáu trăm
700	bảy trăm
800	tám trăm
900	chín trăm

1,000	một nghìn / một ngàn
2,000	hai nghìn / hai ngàn
3,000	ba nghìn / ba ngàn
4,000	bốn nghìn / bốn ngàn
5,000	năm nghìn / năm ngàn

6,000	sáu nghìn / sáu ngàn
7,000	bảy nghìn / bảy ngàn
8,000	tám nghìn / tám ngàn
9,000	chín nghìn / chín ngàn
10,000	mười nghìn / mười ngàn
11,000	mười một nghìn / mười một ngàn
12,000	mười hai nghìn / mười hai ngàn
20,000	hai mươi nghìn / hai mươi ngàn
30,000	ba mươi nghìn / ba mươi ngàn
100,000	một trăm nghìn / một trăm ngàn
200,000	hai trăm nghìn / hai trăm ngàn
1,000,000	một triệu
2,000,000	hai triệu
10,000,000	mười triệu
100,000,000	một trăm triệu
1,000,000,000	một tỷ / một tỉ

⊘ 숫자 '0'이 10의 자리에 위치할 경우 'linh' 또는 'lẻ'를 넣어 읽습니다.

예 303 → ba trăm linh / lẻ ba

201 → hai trăm linh / lẻ một

⊘ 숫자 '0'이 100의 자리에 위치할 경우 'không trăm'을 넣어 읽습니다.

예 2018 → hai nghìn không trăm mười tám

1005 → một nghìn không trăm linh / lẻ năm

⊕ 북부(하노이)에서는 linh, 남부(호치민)에서는 lẻ를 사용합니다.

⊕ 북부(하노이)에서는 nghìn, 남부(호치민)에서는 ngàn를 사용합니다.

Diễn đạt

6-2

| 월 |

1월	tháng một	7월	tháng bảy
2월	tháng hai	8월	tháng tám
3월	tháng ba	9월	tháng chín
4월	tháng tư	10월	tháng mười
5월	tháng năm	11월	tháng mười một
6월	tháng sáu	12월	tháng mười hai

*4월은 'tháng bốn'이 아니라 'tháng tư'라고 표현합니다.

1 날짜 · 요일 및 의미에 관한 표현

- Hôm nay là ngày bao nhiêu tháng mấy? 오늘 몇 월 며칠이에요?
- Hôm nay là ngày bao nhiêu? 오늘 며칠이에요?
  = Hôm nay là ngày mấy?
- Hôm nay là ngày gì? 오늘 무슨 날이에요?
- Hôm nay là thứ mấy? 오늘 무슨 요일이에요?
- Năm nay là năm bao nhiêu? 올해는 몇 년도인가요?
  = Năm nay là năm nào?
- Tháng này là tháng mấy? 이번 달은 몇 월인가요?

2 '언제, 때'에 관한 표현

- Khi nào là sinh nhật của anh/chị? 당신의 생일은 언제인가요?
- Bao giờ chúng ta sẽ đi? 언제 우리는 갈 건가요?
- Chúng ta đã gặp nhau lúc nào? 우리는 언제 만났었나요?
- Chừng nào họ về nước? 언제 그들은 귀국할 건가요?

Bài nói

6-3

상황 서로의 생일을 물어보는 상황

A: Em ơi! Hôm nay là ngày gì đặc biệt? Hôm nay em đẹp quá.

B: Hôm nay là sinh nhật của em.

A: Thế à, sinh nhật của em là ngày mồng 8 tháng 9, đúng không?

B: Đúng. Khi nào là sinh nhật của anh?

A: Là ngày mồng 10 tháng 12.

A: 저기! 너 오늘 무슨 특별한 날이야? 오늘 너 정말 예쁘네.

B: 오늘은 제 생일이에요.

A: 그래, 9월 8일이 네 생일인거야?

B: 맞아요. 오빠의 생일은 언제인가요?

A: 12월 10일이야.

Luyện tập

6-4

- Hôm nay là ngày bao nhiêu? 오늘 며칠이에요?
- Hôm nay là ngày mười lăm. 오늘 15일이에요.
- Anh/Chị đến Việt Nam để làm gì? 당신은 뭘 하려고 베트남에 왔나요?
- Anh/Chị đến Việt Nam để làm việc. 나는 일하려고 베트남에 왔어요.
- Anh/Chị về nước bao giờ? 당신은 언제 귀국했어요?
- Khi nào là sinh nhật của anh/chị? 당신의 생일은 언제인가요?

Bài tập

6-5

1 녹음을 듣고 빈칸을 채워보세요.

1 ____________________

2 ____________________

3 ____________________

4 ____________________

2 괄호 안의 단어 및 문장을 사용하여 물음에 답해 보세요.

1 Bao giờ chị đến Việt Nam? (내년)

→ ____________________

2 Ngày mai là thứ mấy? (수요일)

→ ____________________

3 Sinh nhật của em là ngày bao nhiêu? (5월 10일)

→ ____________________

4 Bạn học tiếng Việt để làm gì? (베트남에서 일을 하기 위해서)

→ ____________________

3 다음 숫자를 베트남어로 써보세요.

1 15 ____________________

2 703 ____________________

3 2,515 ____________________

4 95,864 ____________________

5 550,000 ____________________

BÀI 07

취미 주말에 당신은 보통 무엇을 합니까?

Anh thường làm gì vào cuối tuần?

Hội thoại

7-1

Nam: Khi rảnh, em thường làm gì?

Huyền: Em thường đi tập thể dục hoặc xem youtube.
Còn anh thường làm gì vào cuối tuần?

Nam: Anh thường nấu ăn ở nhà. Vì thế, anh hay đọc sách liên quan đến món ăn. Nhưng anh càng nấu ăn càng thấy khó.

Huyền: Anh tự nấu ăn hả? Tuyệt vời lắm! Em ít khi nấu ăn ở nhà. Em luôn luôn ăn cơm ở ngoài.

Nam: Vậy, cuối tuần này em đến nhà anh chơi nhé!
Anh sẽ chuẩn bị bữa ăn ngon cho em.

남: 한가할 때, 너 보통 뭐해?

후웬: 저는 보통 운동을 가거나 유튜브를 봐요.
그러면 오빠는 주말에 보통 뭐 하세요?

남: 오빠는 보통 집에서 요리를 해. 그래서 음식에 관련된 책을 자주 읽어. 하지만 요리는 할수록 어려운 거 같아.

후웬: 오빠 직접 요리 하세요? 정말 대단해요! 저는 집에서 거의 요리를 안 해요. 저는 항상 외식을 해요.

남: 그럼, 이번 주말에 오빠 집에 놀러와! 내가 널 위한 맛있는 식사를 준비할게.

Từ vựng

rảnh 한가한

tập thể dục 운동하다

hoặc 혹은, 또는

xem 보다

vào
~ 에 / 들어오다, 들어가다

cuối tuần 주말

nấu ăn 요리하다

vì thế (= vì vậy)
그래서

đọc 읽다

sách 책

liên quan đến ~
~ 에 연관하다

món ăn 음식

hả ~ 라고요?

tuyệt vời 멋진, 훌륭한

lắm 매우, 정말

ngoài 밖, 외

chuẩn bị 준비하다

bữa ăn 식사

ngon 맛있는

Ngữ pháp

1 빈도부사

동사 앞에 위치하여 동사의 빈도, 잦음을 표현합니다.

✓ 절대 (không bao giờ), 드물게 (ít khi / hiếm khi), 가끔 (thỉnh thoảng / đôi khi), 보통 (thường / thường thường)은 문장의 맨 앞, 즉 주어 앞에 위치할 수도 있습니다.

절대 ~ 하지 않다	không bao giờ	Chúng tôi sẽ không bao giờ chia tay. 우리는 절대 헤어지지 않을 겁니다.
드물게 ~ 하다, 좀처럼 ~ 않다	ít khi / hiếm khi	Tôi ít khi chơi game. 나는 거의 게임을 안 합니다.
가끔, 때때로	thỉnh thoảng / đôi khi	Tôi thỉnh thoảng nấu ăn ở nhà. 나는 가끔 집에서 요리를 합니다.
자주, 종종	hay	Tôi hay đi nhà sách. 나는 자주 서점에 갑니다.
보통	thường / thường thường	Tôi thường thức dậy lúc 7 giờ sáng. 나는 보통 아침 7시에 일어납니다.
늘, 항상	luôn (luôn)	Anh ấy luôn (luôn) nhớ chị ấy. 그는 항상 그녀를 그리워합니다.

*주의: thường hay + 동사: '주로, 자주 ~ 하다'라는 의미로 함께 사용해도 됩니다.

2 khi 의 용법

'khi'는 때를 나타내는 부사구로 '~ 할 때'라는 의미를 가지며, 'khi + (주어) + 동사' 즉, '주어가 동사할 때'와 같은 표현으로 사용합니다.

예 Khi anh ấy hát, tôi nhảy. 그가 노래를 할 때 나는 춤을 춥니다.

Khi tôi vào phòng, anh ấy không có ở đây.
내가 방에 들어왔을 때 그는 여기에 없었습니다.

3 tự + 동사

'tự'는 보통 'tự + 동사'의 형태로 사용되며, 어떤 일이나 행동에 대해 '스스로, 직접 ~하다'의 의미로 쓰입니다. 또 'tự + 동사 + lấy'의 형태로도 사용할 수 있습니다.

예 Tôi đã tự học tiếng Anh. 나는 영어를 독학했습니다.
Tôi sẽ tự giải quyết vấn đề đó. 나는 그 문제를 직접 해결할 거예요.

4 vào + 시간 명사

'vào'는 '들어오다, 들어가다'라는 의미의 동사로 자주 쓰이지만, 시간 관련 명사 앞에 위치하여 '~ 에'라는 전치사로도 사용할 수 있습니다. 예를 들면, 시간대, 요일, 날짜, 계절과 같은 표현이 올 수 있습니다.

예 Vào chủ nhật, tôi thường nghỉ ở nhà. 일요일에 나는 보통 집에서 쉽니다.
Vào nghỉ hè này, em muốn đi đâu? 이번 여름 휴가에 너는 어디를 가길 원해?
Tôi luôn đi dạo ở công viên vào buổi sáng.
아침에 나는 항상 공원에서 산책을 합니다.

5 liên quan đến ~에 연관된

'liên quan'은 '연관되다, 관계되다'라는 의미의 동사로 전치사 'đến'과 함께 쓰입니다. 같은 의미의 표현으로 'liên quan với ~'도 있습니다.

예 Tôi không liên quan đến vấn đề đó. 나는 그 문제와 관련 없습니다.
Hai người có liên quan với nhau. 두 사람은 서로 연관되어 있습니다.

6 'A 할수록 B 하다' 구문

'주어 + càng A càng B'는 '주어는 A 할수록 B 하다'라는 의미로 비교급 형태의 표현입니다.

예 Cà phê này càng uống càng thơm. 이 커피는 마실수록 향이 좋습니다.
Bài hát của ca sĩ đó càng nghe càng thấy hay. 그 가수의 노래는 들을수록 좋습니다.
Tiếng Việt càng học càng hay. 베트남어는 공부할수록 재밌습니다.

Diễn đạt

7-2

| 취미 및 여가 생활 |

영화 보기	xem phim	여행	đi du lịch
음악 감상	nghe nhạc	독서	đọc sách
수영	bơi lội	등산	leo núi
쇼핑	mua sắm	낚시	câu cá
춤추기	nhảy / múa	노래하기	hát
요리하기	nấu ăn	사진 찍기	chụp ảnh / chụp hình
그림 그리기	vẽ tranh	운동하기	tập thể dục
요가하기	tập yoga	드라이브	lái xe
청소·정리하기	dọn dẹp	시 쓰기	làm thơ
축구하기	chơi bóng đá	야구하기	chơi bóng chày
농구하기	chơi bóng rổ	탁구하기	chơi bóng bàn
자전거 타기	đi xe đạp	골프	chơi gôn / đánh gôn
게임하기	chơi game	악기 연주	chơi nhạc cụ
베이킹	làm bánh	메이크업	trang điểm

● 여가 생활 및 취미에 관한 표현

- Khi rảnh, anh/chị thường làm gì? 한가할 때, 당신은 보통 무엇을 하나요?
- Khi có thời gian, anh/chị thường làm gì? 시간이 있을 때, 당신은 보통 무엇을 하나요?
- Khi không bận, anh/chị thường làm gì? 안 바쁠 때, 당신은 보통 무엇을 하나요?
- Anh/Chị thường làm gì để giải trí? 피로를 풀기 위해서 당신은 보통 무엇을 하나요?
- Sở thích của anh/chị là gì? 당신의 취미는 무엇인가요?
- Sở thích đặc biệt của anh/chị là gì? 당신의 특별한 취미는 무엇인가요?

Bài nói

7-3

상황 서로의 여가 생활에 대해 물어보는 상황

A: Sở thích của chị là gì?

B: Sở thích của tôi là chụp ảnh.
Vì thế tôi hay đi du lịch để chụp những bức ảnh tuyệt vời. Còn khi có thời gian, anh thường làm gì?

A: Tôi thích làm thơ.
Nên khi không bận thì tôi thường đọc sách và làm thơ.

B: Thế, anh làm gì để giải trí?

A: Tôi ngủ ở nhà để giải trí.

B: Tôi cũng vậy.

A: 당신의 취미는 무엇인가요?

B: 내 취미는 사진 찍기예요. 그래서 나는 멋진 사진을 찍기 위해 여행을 자주 가요. 그럼 당신은 시간이 있을 때 보통 무엇을 하나요?

A: 나는 시 쓰는 것을 좋아해요. 그래서 바쁘지 않을 때면 나는 보통 책을 읽고 시를 써요.

B: 그러면, 피로를 풀기 위해서는 무엇을 하나요?

A: 피로를 풀기 위해서 나는 집에서 잠을 자요.

B: 나도 그래요.

Luyện tập

7-4

- Khi rảnh anh/chị thường làm gì? 한가할 때 당신은 보통 뭐 하세요?
- Anh/Chị thường làm gì vào cuối tuần? 주말에 당신은 보통 뭐 하세요?
- Tôi thường tập thể dục hoặc xem phim. 나는 보통 운동을 하거나 영화를 봐요.
- Tôi tự nấu ăn ở nhà. 나는 집에서 직접 요리를 합니다.
- Tôi không liên quan đến việc đó. 나는 그 일과 관련 없습니다.
- Tiếng Việt càng học càng hay. 베트남어는 공부할수록 재밌어요.

Bài tập

7-5

1 녹음을 듣고 빈칸을 채워보세요.

1 A: Khi có thời gian, anh thường làm gì?
B: ____________

2 A: Chị đã gặp ai vào cuối tuần?
B: ____________

3 A: ____________
B: Vâng. Em hay ăn phở.

4 A: ____________
B: Tiếng Việt càng học càng khó.

2 <보기>에서 알맞은 단어를 골라 빈칸에 써보세요.

| 보기 |

vào   khi   lúc   ở   đến

1 Tôi sẽ đi chơi ______ thứ bảy.
2 Chị ấy thường ăn sáng ______ 8 giờ.
3 Công ty đó ______ Hà Nội.
4 ______ rảnh, mình luôn luôn vẽ tranh.
5 Việc này không liên quan ______ tôi.

3 다음 빈칸에 들어갈 알맞은 단어를 쓰세요.

1 나는 술을 거의 안 마십니다. Tôi ______ ______ uống rượu.
2 나는 가끔 그를 만납니다. ______ ______ tôi gặp anh ấy.
3 너는 직접 운전을 해? Em ______ lái xe hả?
4 나는 가족을 위해 음식을 준비할 거야.
Mình sẽ chuẩn bị món ăn ______ gia đình.

BÀI
08

가족 당신 결혼했어요?

Anh đã kết hôn chưa?

Hội thoại

8-1

Hùng: Chị đã kết hôn chưa?

Tuyết: Tôi chưa kết hôn. Nhưng có người yêu rồi.
Anh đã lập gia đình chưa?

Hùng: Rồi. Tôi đã có vợ và 1 con rồi.

Tuyết: À, con gái hay là con trai?

Hùng: Con trai, giống tôi nhiều, từ ngoại hình đến thói quen.
Vậy, khi nào thì chị muốn kết hôn với anh ấy?

Tuyết: Tôi không có kế hoạch gì về kết hôn cả. Tôi thực sự yêu anh ấy nhưng cuộc sống độc thân cũng thoải mái và tự do lắm.

훙: 당신 결혼했어요?

뚜웻: 나는 아직 결혼은 안 했어요. 하지만 이미 애인은 있어요. 당신은 결혼했어요?

훙: 했죠. 나는 아내와 자식이 이미 있어요.

뚜웻: 아, 딸인가요, 아니면 아들인가요?

훙: 외모부터 습관까지 나를 많이 닮은 아들이에요. 그럼, 언제쯤 당신은 그와 결혼하길 원하나요?

뚜웻: 결혼에 대해선 아무런 계획이 없어요. 나는 그를 정말 사랑하지만 혼자의 삶이 너무 편하고 자유롭거든요.

Từ vựng

chưa 했어요? (의문문 형태) / 아직 ~ 아니다 (부정어)
kết hôn 결혼하다
có 가지다, 있다
yêu 사랑하다
lập 세우다
vợ 부인
con 자식, 자녀
giống 유사한, 닮은
ngoại hình 외모
thói quen 습관
muốn 원하다
kế hoạch 계획
thực sự 정말로, 진심으로
cuộc sống 삶, 생활
độc thân 독신
thoải mái 편안한
tự do 자유로운 / 자유

Ngữ pháp

1 đã ~ chưa? 의문문

과거부터 지금까지 어떤 일을 했는지, 아직 안 했는지 완료 여부를 묻는 의문문의 형태입니다. 이때 과거 시제 'đã'는 생략이 가능합니다.

주어 + (đã) 동사 + chưa?	주어는 동사를 했어요?

위 의문문 형식의 긍정 대답은 'rồi', 부정 대답은 'chưa'로 표현할 수 있습니다.

예 Giám đốc đã đến chưa? 사장님 왔어요?

- 긍정: Rồi, giám đốc đã đến rồi.
  왔죠(완료), 사장님이 왔습니다.
- 부정: Chưa, giám đốc chưa đến.
  아직이요(미완료), 사장님이 아직 안 왔습니다.

'chưa'는 '① ~ 했어요? ② 아직 ~ 아니다'의 두 가지 의미를 가지며 이때 'chưa'는 위치에 따라 의미가 달라집니다.
또 앞서 배운 〈주어 + (có) + 동사/형용사 + không?〉의 형태가 사실을 묻는 의문문의 형태라면, 위의 표현은 동사의 완료 여부를 묻는 의문문이라는 점이 다릅니다.
비교를 해보면 다음과 같습니다

Anh Kim có ăn tối không? 김 씨는 저녁을 먹나요?	Anh Kim đã ăn tối chưa? 김 씨는 저녁을 먹었어요?

또 다른 미래 시제 '곧 ~ 하다'라는 의미의 'sắp'을 이용한 표현도 있습니다.

주어 + sắp 동사 + chưa?	주어는 곧 동사를 할 거예요?

예 Cuộc họp sắp bắt đầu chưa? 회의가 곧 시작되나요?

- 긍정: Sắp rồi / Rồi, cuộc họp sắp bắt đầu rồi.
  곧이요, 회의가 곧 시작됩니다.
- 부정: Chưa, buổi chiều có cuộc họp.
  아직이요, 오후에 회의가 있습니다.

*주의: 'sắp'은 아직 일어나지 않은 미래 시제의 표현이지만, 가까운 미래이자 반드시 일어날 미래이므로 'rồi' 완료 시제를 붙여서 사용할 수 있습니다.

2 선택 의문사 hay

'A hay B'는 'A 아니면 B'라는 의미로 선택 의문문을 만드는 의문사 역할을 합니다. 평서문에도 사용 가능하며, 이와 유사한 표현으로 'hoặc(혹은)'이라는 표현이 있습니다. 단, 이 표현은 의문문에서 의문사의 역할을 할 수 없습니다.

예 Đúng hay sai. 맞거나 틀리거나.
Tiếng Việt khó hay dễ? 베트남어 어려워요, 아니면 쉬워요?
Anh thích cà phê hay trà? 당신은 커피를 좋아하나요, 아니면 차를 좋아하나요?

3 'A부터 B까지' 구문

'từ A đến B'는 'A부터 B까지'라는 의미로 시간과 장소에 모두 사용이 가능하며, 각각 따로 사용해도 됩니다. 'từ'는 '~ 에서부터'와 '단어'라는 뜻을 가지며, 'đến'은 '~ 까지'와 '도착하다, 오다'라는 뜻을 가집니다.

예 Từ đầu đến cuối. 처음부터 끝까지.
Anh ấy đi làm từ thứ 2 đến thứ 7. 그는 월요일부터 토요일까지 일하러 갑니다.
Từ nhà tôi đến trung tâm thành phố rất gần.
우리 집에서 시내까지는 정말 가깝습니다.

4 về 의 전치사적 용법

'về'는 '돌아오다, 돌아가다'라는 의미로 동사로 자주 쓰이지만, '~ 에 대해서, ~ 에 관해서'라는 전치사로도 사용할 수 있습니다.

예 Tôi muốn tìm hiểu về văn hóa Việt Nam. 나는 베트남 문화에 대해 알고 싶습니다.
Chúng tôi luôn luôn lo lắng về tương lai. 우리는 항상 미래에 대해 걱정합니다.

Diễn đạt

8-2

| 가족 |

친할아버지	ông nội	친할머니	bà nội
외할아버지	ông ngoại	외할머니	bà ngoại
아빠	bố / ba	엄마	mẹ / má
형 / 오빠	anh trai	언니 / 누나	chị gái
남동생	em trai	여동생	em gái
남편	chồng	아내	vợ
큰아버지	bác	큰엄마	bác (gái)
삼촌	chú	숙모	thím
고모	cô	이모	dì
자녀	con	형제·자매	anh chị em
딸	con gái	아들	con trai
조카 / 손주	cháu	친척	họ hàng

1 결혼에 관한 표현

- Anh/Chị đã kết hôn chưa? 당신 결혼했어요?
  Anh/Chị đã cưới chưa? 당신 결혼했어요?
  Anh/Chị đã có/lập gia đình chưa? 당신 가정을 이뤘나요?
  Anh đã có/lấy vợ chưa? 부인을 얻었나요? → 장가갔나요?
  Chị đã có/lấy chồng chưa? 남편을 얻었나요? → 시집갔나요?
- Anh có người yêu chưa? 당신은 애인이 있어요?
- Tôi còn độc thân. 나는 아직 싱글이에요.
- Tôi đã đến tuổi kết hôn rồi. 결혼할 나이가 되었어요.

2 가족에 관한 표현

- Gia đình anh/chị có mấy người? 당신의 가족은 몇 명인가요?
- Gia đình anh/chị (gồm) có những ai? 당신의 가족은 누구 누구인가요?
- Anh/Chị có mấy anh chị em? 형제자매가 몇 명 있어요?
- Anh/Chị có mấy con? 자녀가 몇 명 있어요?
- Tôi là con một. 나는 외동이에요.

Bài nói

8-3

상황 결혼 여부를 물어보는 상황

A: Anh đã lấy vợ chưa?

B: Rồi, tôi đã lấy vợ rồi. Chị đã lấy chồng chưa?

A: Tôi thì chưa. Tôi còn độc thân.

B: Thế, chị có người yêu chưa?

A: Tôi đã đến tuổi kết hôn rồi. Nhưng chưa có.

A: 당신 결혼했어요?

B: 했죠. 나는 이미 아내가 있어요. 당신은 결혼했어요?

A: 나는 아직이요. 나는 아직 싱글이에요.

B: 그러면, 당신 애인은 있어요?

A: 난 이미 결혼할 나이예요. 하지만 아직 없어요.

(상황) 가족에 대해 물어보는 상황

A: Gia đình của anh có mấy người?

B: Gia đình của tôi có 6 người.

A: Nhiều thế! Có những ai?

B: Bố mẹ, 2 chị gái, 1 em trai và tôi.
Còn gia đình của chị có mấy người?

A: Gia đình của tôi có 3 người là bố mẹ và tôi. Tôi là con một.

A: 당신의 가족은 몇 명인가요?

B: 우리 가족은 6명이에요.

A: 많네요! 누구 누구있어요?

B: 부모님, 누나 2명, 남동생 1명 그리고 나예요. 그럼 당신의 가족은 몇 명인가요?

A: 우리 가족은 부모님과 나 이렇게 3명이에요. 나는 외동이에요.

Luyện tập

8-4

- Anh/Chị đã kết hôn chưa? 당신은 결혼했어요?
- Chưa, tôi chưa lập gia đình. 아직이요, 나는 아직 결혼을 안 했어요.
- Anh/Chị đã có người yêu chưa? 당신 애인이 있어요?
- Rồi, tôi đã có người yêu rồi. 네, 나는 이미 애인이 있어요.
- Anh/Chị thích cà phê hay trà? 당신은 커피를 좋아하나요, 아니면 차를 좋아하나요?
- Từ nhà tôi đến trung tâm thành phố rất gần.
  우리 집에서 시내까지는 정말 가깝습니다.

Bài tập

8-5

1 녹음을 듣고 빈칸을 채워보세요.

1 ______________________________

2 ______________________________

3 ______________________________

4 ______________________________

2 다음 대답에 어울리는 질문을 만드세요.

1 A: ______________________________

B: Rồi, anh ấy đi làm rồi.

2 A: ______________________________

B: Tôi chưa có người yêu.

3 A: ______________________________

B: Từ thứ 2 đến thứ 6 tôi đi học.

3 다음 문장에서 틀린 부분을 찾아 고쳐 쓰세요.

1 Chúng tôi chưa về nhà rồi.

____

2 Cô đã lập gia đình không?

____

3 Đây là em gái hoặc là bạn gái?

____

4 Xe buýt đến sắp chưa?

____

BÀI 09

능력 나는 베트남어를 말할 수 있습니다.

Tôi có thể nói tiếng Việt được.

Hội thoại

9-1

Loan: Em mới đi đâu về?

Ji-A: Em vừa gặp bạn người Mỹ về.

Loan: Vậy hả? Nhưng em đó nói tiếng Hàn được không?

Ji-A: Không được. Em có thể nói tiếng Anh được mà.

Loan: Em vừa nói tiếng Việt được vừa nói tiếng Anh được. Chắc chắn là em có khiếu học ngoại ngữ.

Ji-A: Cảm ơn chị. Tuy nhiên học tiếng Việt vẫn khó và vất vả. Em chăm chỉ học hành mà vẫn không tiến bộ. Em sẽ cố gắng nữa!

로안: 너 방금 어디 갔다 온 거야?

지아: 저 방금 미국인 친구 만나고 왔어요.

로안: 그래? 그 사람이 한국어를 할 수 있어?

지아: 아뇨. 제가 영어를 할 수 있잖아요.

로안: 너는 베트남어를 할 수 있을 뿐만 아니라 영어도 할 수 있구나. 분명 너는 외국어에 재능이 있어.

지아: 고마워요 언니. 그렇지만 베트남어 공부는 여전히 어렵고 힘들어요. 열심히 배우고 있지만 발전하지 않아요. 더 노력할게요!

Từ vựng

mới 막, 방금 / 새로운

vừa 막, 방금 / (무엇에) 알맞은

nói 말하다

chắc chắn (là) 확실한

khiếu 재능, 소질

ngoại ngữ 외국어

tuy nhiên 그렇지만

vẫn 여전히

khó 어려운

vất vả 힘든, 고생하는

chăm chỉ 열심히 / 열심히 하다

học hành 배우다, 공부하다

tiến bộ 발전하다, 진보하다

cố gắng 노력하다

nữa 더

Ngữ pháp

1 근접 과거 시제 mới 와 vừa

'mới'와 'vừa'는 근접 과거 시제 표현으로 가까운 과거에 일어난 일을 가리키며 '막, 방금 ~ 했다'의 의미를 가집니다. 'vừa mới'의 형태로 함께 사용할 수도 있습니다.

예 Họ mới về nước. 그들은 막 귀국했습니다.
Mình vừa làm bài tập xong. 나는 방금 숙제를 마쳤습니다.
Tôi vừa mới đặt vé máy bay đi Mỹ. 나는 막 미국 가는 비행기 표를 예약했습니다.

mới와 vừa는 시제 표현 외에 다음과 같은 뜻도 있으니 참고하세요.

mới	새로운	**Tôi sẽ mua điện thoại di động mới.** 나는 휴대폰을 새로 살 거예요.
	비로소 ~ 하다	**20 phút sau, em mới đến được.** 20분 후에야 저는 (비로소) 도착할 수 있습니다.

vừa	적당한, 알맞은	**Đôi giày này rất vừa với mình.** 이 신발은 나한테 딱 맞습니다.

2 능력, 가능 묻기

주어의 어떤 능력이나 가능성을 강조하기 위한 '~ 할 수 있다, ~ 가능하다' 의미의 표현은 다음과 같은 형태로 나타낼 수 있습니다. 목적어가 있을 경우 'được'의 위치는 동사의 바로 뒤나 문장의 제일 마지막에 위치해도 됩니다.

주어 + có thể + 동사 + được = 주어 + 동사 + được = 주어 + có thể + 동사	주어는 '동사' 할 수 있습니다.

'có thể' 또는 'được' 중 하나만 사용해도 됩니다. 단 'được'이 동사 앞에 올 경우 수동이나 강조의 의미가 되니 주의합니다.

예 Tôi hiểu được bạn. = Tôi hiểu bạn được. 나는 당신을 이해할 수 있습니다.
Tớ có thể lái xe được. 나는 운전을 할 수 있습니다.

그럼, 부정문은 어떻게 표현할까요?

주어 + không thể + 동사 + được = 주어 không + 동사 + được = 주어 + không thể + 동사	주어는 '동사' 할 수 없습니다.

부정하고자 하는 단어 앞에 'không' 또는 'không thể'를 넣어주면 됩니다.

예 Tôi không bơi được. 나는 수영을 할 수 없습니다.

Tớ không thể hiểu tiếng Hàn được. = Tớ không thể hiểu được tiếng Hàn.
나는 한국어를 이해할 수 없습니다.

3 mà 의 용법

앞의 본문 내용에서 'mà'는 각각 다른 표현으로 사용되었습니다.
먼저, 'mà'가 문장의 끝에 위치할 경우, '~ 잖아요'라는 의미로 사용됩니다. 그리고 'mà'는 두 문장을 연결하는 접속사의 역할을 하며 '그러나, 그런데'라는 의미로도 사용할 수 있습니다.

예 Mẹ đã nói rồi mà. 엄마가 이미 말했잖아.

Xin lỗi nhưng mà em không đi được. Bây giờ là 10 giờ đêm rồi mà.
미안하지만 저는 갈 수 없어요. 지금 밤 10시잖아요.

Tôi đã ăn nhiều mà vẫn đói.
나는 많이 먹었는데도 배가 고프네요.

4 vẫn 여전히

'vẫn'은 '여전히'라는 의미로 어떤 상태, 동작이 지속되고 있음을 의미합니다. 같은 의미로 'còn'이 있으며, 'vẫn còn'으로 함께 사용할 수 있습니다.

예 Anh ấy vẫn đẹp trai. 그는 여전히 잘생겼습니다.

Tôi vẫn sống ở thành phố này. 나는 여전히 이 도시에서 삽니다.

여기에 부정어를 함께 사용하면
'vẫn không / chưa ~(아직도 ~ 안 하다)'의 표현이 됩니다.

예 Sự kiện đó vẫn chưa giải quyết. 그 사건은 여전히 해결되지 않았습니다.

Tôi đã nỗ lực mà vẫn không thành công.
나는 노력했지만 아직 성공하지 못했습니다.

5 'A이기도 하고 B이기도 하다' 구문

근접 과거 시제 표현인 'vừa'가 '주어 vừa A vừa B'와 같은 형태가 되면 '주어는 A 하면서 B 하다'의 의미로, 2가지 행동 및 상태의 동시성을 나타냅니다.

예 Tôi vừa uống cà phê vừa xem ti vi.
나는 커피를 마시면서 TV를 봅니다.

Bạn trai tôi vừa đẹp trai vừa thông minh.
내 남자친구는 잘생기기도 하고 똑똑하기도 합니다.

단, 'vừa' 뒤에 명사가 올 때는 '~ 이다'라는 의미를 가진 'là'를 같이 써주면 됩니다.

주어 + vừa là + 명사1 + vừa là + 명사2	주어는 '명사1'이기도 하고 '명사2'이기도 하다.

예 Cô ấy vừa là ca sĩ vừa là diễn viên.
그녀는 가수이기도 하고 배우이기도 합니다.

Anh ấy vừa là người chồng hiền vừa là người bố tốt.
그는 착한 남편이기도 하고 좋은 아빠이기도 합니다.

6 품사의 변화

베트남어는 품사 간의 구분이 명확하지 않은 경우들이 있습니다. 명사와 형용사를 구분 없이 사용하기도 하고 형용사가 자연스레 부사가 되기도 합니다.

예 Tự do ngôn luận. 언론의 자유. → 명사적 쓰임

Tôi đang sống một mình nên rất tự do.
나는 혼자 살아서 정말 자유롭다. → 형용사적 쓰임

Anh ấy chăm chỉ. 그는 열심입니다.
Bố tôi làm việc chăm chỉ. 우리 아빠는 열심히 일합니다.

Anh ấy vất vả. 그는 힘듭니다.
Bố tôi làm việc vất vả. 우리 아빠는 힘들게 일합니다.

Diễn đạt

9-2

| 시제 |

과거 (~ 했다)	đã	Chị ấy đã uống cà phê. 그녀는 커피를 마셨습니다.
근접과거 (~ 막, 방금)	vừa / mới / vừa mới	Chị ấy vừa / mới / vừa mới uống cà phê. 그녀는 커피를 방금 마셨습니다.
현재진행 (~ 하는 중이다)	đang	Chị ấy đang uống cà phê. 그녀는 커피를 마시고 있습니다.
근접 미래 (곧 ~ 하다)	sắp	Chị ấy sắp uống cà phê. 그녀는 커피를 곧 마실 겁니다.
미래 (~ 할 것이다)	sẽ	Chị ấy sẽ uống cà phê. 그녀는 커피를 마실 것입니다.

*'sắp'은 반드시 일어날 가까운 미래로 'rồi'를 붙여 미래완료처럼 쓸 수 있습니다.

PLUS+

완료 시제(문장의 끝에 위치) (이미 ~ 했다)	rồi	Anh ấy (đã) ăn cơm rồi. 나는 이미 밥을 먹었습니다.
과거 경험 (~ 한 적이 있다)	từng	Tôi (đã) từng sống ở Hà Nội. 나는 하노이에 살았던 적이 있습니다.
예정된 미래 (~ 할 예정이다)	định	Chúng tôi định đi du lịch Việt Nam. 우리는 베트남 여행을 갈 예정입니다

1 능력 · 가능을 묻는 표현

- Anh/Chị có thể nói tiếng Việt không? 당신은 베트남어를 할 수 있나요?
  = Anh/Chị nói tiếng Việt được không?
  = Anh/Chị có thể nói tiếng Việt được không?
- Anh/Chị biết nói tiếng Trung không? 당신은 중국어를 할 줄 아나요?
- Anh/Chị giỏi tiếng Anh không? 당신은 영어를 잘하나요?

2 능력에 관한 대답 표현

- Vẫn kém. 아직 부족해요.
- Không giỏi. 잘 못해요.
- Một chút. 조금이요.
- Bình thường. 보통이에요.
- Giỏi lắm. 매우 잘해요.

Bài nói

9-3

상황 외국어 능력에 대해 묻는 상황

A: Cậu biết nói tiếng Trung không?

B: Không. Còn cậu có thể nói tiếng Trung được không?

A: Mình nói được một chút. Dạo này mình đang học tiếng Trung nhưng khó lắm.

B: Đúng rồi. Mình đang học tiếng Việt nhưng thanh dấu không dễ.

A: Vậy hả? Cậu giỏi tiếng Việt không?

B: Mình đã học lâu mà vẫn kém. Tiếng Việt có 6 thanh dấu mà.
Vì thế, càng học càng thấy khó.

A: 너 중국어 할 줄 알아?

B: 아니. 그러면 너는 중국어 할 수 있어?

A: 나는 조금 할 줄 알아. 요즘 나는 중국어를 배우고 있는데 정말 어려워.

B: 맞아. 나도 베트남어를 배우고 있는데 성조가 쉽지가 않아.

A: 그래? 너 베트남어 잘해?

B: 오래 공부했지만 아직은 부족해. 베트남어는 6성조잖아.
그래서 공부할수록 어렵게 느껴져.

Luyện tập

9-4

- Tôi có thể nói tiếng Việt được. 나는 베트남어를 말할 수 있어요.
- Anh/Chị hiểu tiếng Hàn được không? 당신은 한국어를 이해할 수 있나요?
- Anh/Chị đi đâu về? 당신 방금 어디 갔다 온 거예요?
- Tôi vừa mới làm việc xong. 나는 방금 일을 마쳤어요.
- Học tiếng Việt vẫn khó và vất vả. 베트남어 공부는 여전히 어렵고 힘들어요.
- Tôi vừa uống cà phê vừa xem ti vi. 나는 커피를 마시면서 TV를 봅니다.

Bài tập

9-5

1 녹음을 듣고 빈칸을 채워보세요.

1 A: Con ___________ ___________ đi đâu về?
B: Con ___________ về.

2 A: Em ___________ ___________ nói ___________ tiếng gì?
B: Em nói ___________ ___________ ___________ ___________ ___________ ___________.

3 A: Anh ___________ ___________ chị ấy chứ?
B: Ừ, anh ___________ ___________ chị ấy.

4 A: Em nói tiếng Việt ___________ ___________!
B: Cảm ơn chị. Nhưng em ___________ ___________ ___________ ___________.

2 <보기>에서 알맞은 단어를 골라 빈칸에 써보세요.

보기
vừa   mới   vẫn   hả   mà

1 Đôi giày không ___________ với em.

2 Tôi muốn sống ở nhà ___________.

3 Anh không đi ___________?

4 Tôi ___________ là sinh viên.

5 Tôi đã ăn tối ___________ vẫn đói lắm.

3 아래 단어들을 바르게 배열하여 문장을 완성하세요.

1 tôi / món ăn / có thể / Thái Lan / nấu ăn

____

2 vừa / học / tiếng Hàn / vừa / hay / dễ

____

3 ở / khách sạn / không thể / tôi / này

____

BÀI 10

사물 이것은 무엇입니까?

Cái này là cái gì?

Hội thoại

🎧 10-1

A-Young:	Cái này là cái gì?
Hưng:	Đây là cái áo dài, trang phục truyền thống của Việt Nam.
A-Young:	Thật là một cái áo đẹp và hấp dẫn. Còn cái kia là cái gì?
Hưng:	Kia là nón lá, mũ truyền thống Việt Nam.
A-Young:	À, tôi đã nhìn thấy cái đó trên TV rồi. Nó được làm bằng cái gì?
Hưng:	Cái đó được làm bằng lá. Cả hai đều là đồ lưu niệm tiêu biểu của Việt Nam.

아영: 이것은 무엇인가요?
흥: 이것은 베트남의 전통 의상인 '아오자이'예요.
아영: 정말로 아름답고 매력적인 옷이에요. 그러면 저것은 무엇인가요?
흥: 저것은 베트남 전통 모자 '논라'예요.
아영: 아, 나는 TV에서 그것을 보게 됐어요. 그것은 무엇으로 만들어지나요?
흥: 그것은 잎으로 만들어요. 둘 다 모두 베트남의 대표적인 기념품이죠.

Từ vựng

cái này 이것
áo 옷 (상의)
áo dài 아오자이 (베트남 전통의상)
trang phục 복장, 의상
truyền thống 전통
hấp dẫn 매력적인
nón lá 논라 (베트남 전통모자)
lá 잎
mũ 모자
nhìn thấy 보이다
trên 위 / 이상
nó 그 (대명사)
làm 만들다 / (일) 하다
cả hai 둘 다
복수 주어 + đều 모두
đồ lưu niệm 기념품
tiêu biểu 대표적인

Ngữ pháp

1 종별사: loại từ

명사의 종류를 구별해주는 품사
: 베트남어는 명사에 한하여 어떤 것들은 종류에 따라 구별하여 나타내는 "종별사"가 존재하며 '분류사'라고도 합니다.

(1) 종별사의 종류

	종류	뜻	예
사물	cái	(사물의 대부분) 것, 개	cái bàn 책상 cái ghế 의자 cái túi xách 가방 cái mũ / cái nón 모자
	quyển / cuốn	권	quyển sách 책 quyển từ điển 사전 quyển vở 노트
	tờ	장	tờ giấy 종이 tờ báo 신문 tờ tiền giấy 돈 (지폐)
	đôi	2개가 하나로 된 세트, 쌍	đôi giày 신발 đôi đũa 젓가락 đôi găng tay 장갑
	chiếc	차량 / 무생물 물체 / 두 개가 세트인 물건 중 하나를 가리킬 때	chiếc xe hơi 자동차 chiếc đồng hồ 시계 chiếc giày 신발 한 짝
	quả / trái	과일 / 둥근 물체	quả táo 사과 quả cam 오렌지 quả nho 포도
	bức	부피 없는 사각형 물체	bức tranh 그림 bức ảnh 사진 bức thư 편지
	bộ	한 벌, 세트	bộ phim 영화 bộ quần áo 옷 한 벌
	cây	자루, 스틱	cây bút 펜 cây gậy 지팡이

생물	con	생물, 동물	con chó 개 con mèo 고양이 con cá 생선 con chim 새 con người 인간

*생물은 아니지만 예외적으로 con을 사용하는 경우

con sông 강　　con dao 칼　　con đường 길

con tàu 배　　con mắt 눈

(2) 종별사를 사용하는 경우

1) 구체적으로 칭할 때 (지시 형용사, 소유격, 수식어)

해석은 안 되지만 명사 앞에 이름표처럼 붙어서 명사를 구체화시킵니다.

예 Cái áo này rất đẹp. 이 옷은 정말 아름답다.

Con mèo của chị cào tôi. 언니의 고양이가 나를 할퀴었다.

Quyển sách 'Hoàng tử bé' là sách bán chạy nhất.
'어린왕자' 책은 베스트셀러이다.

2) 수량을 셀 때 (1개, 2권, 3마리, 4장 등)

수량사의 역할을 하며, 이때 순서는 '숫자 + 종별사 + 명사'와 같이 나타낼 수 있습니다.

예 2 quả táo 사과 2개

3 chiếc xe máy 오토바이 3대

10 tờ giấy 종이 10장

3) 앞에서 언급한 명사를 대신하는 대명사 역할

예를 들어 앞에서 책을 언급하고 나면, 그 다음엔 'quyển(권)'이라고만 써도 책으로 인식할 수 있습니다.

예 A: Quyển sách này bao nhiêu tiền? 이 책은 얼마예요?

B: Quyển này hai trăm nghìn đồng. 이 책은 20만동입니다.

2 bằng 의 용법 (1)

'bằng'은 '~ (으)로'라는 의미로 수단, 재료, 방법 등을 나타내는 표현입니다.

예 Nó viết thư bằng tiếng Việt. 그 애는 베트남어로 편지를 씁니다.
Phở được làm bằng gạo. 쌀국수는 쌀로 만들어집니다.
Họ nói chuyện bằng điện thoại. 그들은 전화로 이야기를 합니다.

3 '보다' 동사의 여러 가지 표현

베트남어에서는 '보다' 동사를 목적에 따라, 쓰임에 따라 다양하게 나눠서 사용합니다. 각각 사용하기도 하지만, 'xem thấy, nhìn thấy, trông thấy'처럼 2개의 동사를 같이 사용할 수도 있습니다.

xem	① TV나 영화 어떤 매체를 보다 ② 동사 + xem:~ 해보다, 시도하다
thấy	시야에 자연스럽게 들어오는 것을 보다
nhìn	의식적으로 목적을 가지고 보다
ngắm	경치나 경관 또는 아름다운 것을 감상하며 보다
trông	① ~ 처럼 보이다 ② 돌보다, 지키다 (사람 / 사물 / 장소)

예 Tôi thích xem phim một mình. 나는 혼자 영화 보는 것을 좋아합니다.
Chị đoán xem đi. 맞춰보세요.
Tôi đã thấy nó ở trên đường. 나는 길에서 그를 보았습니다.
Cô ấy luôn nhìn trên trời. 그녀는 항상 하늘을 쳐다봅니다.
Tôi muốn ngắm cảnh đêm ở đó. 그곳에서 야경을 보고 싶습니다.
Trông em mệt quá. 너 너무 피곤해 보여.
Hôm nay tôi phải trông nhà. 오늘 나는 집을 (돌)봐야해요.
Anh trông giúp em túi xách nhé 오빠 내 가방 좀 (돌)봐줘요.

4 thật là 정말로

'thật là ~'는 부사 '정말로, 실로'라는 의미의 표현입니다.

예 Thật là nhẹ nhõm. 이제 정말로 안심이에요.
Thật là may mắn. 정말 행운입니다.

Diễn đạt

10-2

| 사물 | *종별사를 앞에 붙여서 학습하셔도 됩니다.

책상	bàn	의자	ghế
컴퓨터	máy (vi) tính	노트북	máy tính xách tay
전화	điện thoại	펜	bút
책	sách	노트	vở / tập
사전	từ điển	종이	giấy
옷 (상의)	áo	바지	quần
안경	kính	시계	đồng hồ
모자	mũ / nón	마스크	khẩu trang
가방	túi xách	신발	giày
카드	thẻ	우산	dù / ô

| 동물 |

개	chó	고양이	mèo
소	bò	물소	trâu
닭	gà	새	chim
호랑이	hổ	용	rồng
토끼	thỏ	원숭이	khỉ
염소	dê	말	ngựa
코끼리	voi	사자	sư tử
양	cừu	쥐	chuột
다람쥐	sóc	오리	vịt
생선	cá	개구리	ếch

1 사물을 가리키는 표현

- Đây là cái gì? 이것은 무엇인가요?
  = Cái này là cái gì?
- (Cái) kia là cái gì? 저것은 무엇인가요?
- (Cái) đó là cái gì? 그것은 무엇인가요?

2 장소를 가리키는 표현

- Đây là đâu? 이곳은 어디인가요?
  = Nơi này là đâu?
- (Nơi / Chỗ) kia là đâu? 저곳은 어디인가요?
- (Nơi / Chỗ) đó là đâu? 그곳은 어디인가요?

3 사람을 가리키는 표현

- Đây là ai? 이분은 누구인가요?
  = Người này là ai?
- (Người) kia là ai? 저분은 누구인가요?
- (Người) đó là ai? 그분은 누구인가요?

Bài nói

10-3

상황 화자 가까이 있는 물건에 대해 선생님에게 물어보는 상황

A: Thầy ơi. Đây là cái gì ạ? Cái này đẹp quá!

B: Đó là cái ghế. Người trong ảnh này tự làm cái đó.

A: Tuyệt vời lắm. Vậy, đây là ai ạ?

B: Là bạn học cũ của thầy.

A: 선생님. 이것은 무엇인가요? 정말 예쁘네요!

B: 그것은 의자야. 사진 속의 이분이 그것을 직접 만들었어.

A: 정말 훌륭해요. 그럼, 이분은 누구신가요?

B: 나의 오래된 학교 친구란다.

Luyện tập

10-4

- Cái này là cái gì? 이것은 무엇인가요?
- Cái kia là cái gì? 저것은 무엇인가요?
- Cái đó được làm bằng cái gì? 그것은 무엇으로 만들어졌나요?
- Áo dài là trang phục truyền thống của Việt Nam.
  아오자이는 베트남의 전통 의상이에요.
- Nón lá là mũ truyền thống của Việt Nam. 논라는 베트남의 전통 모자예요.
- Thật là đẹp và hấp dẫn. 정말로 아름답고 매력적이네요.

Bài tập

10-5

1 녹음을 듣고 빈칸을 채워보세요.

1 A: Cái này là cái gì?

B: ....

2 A: Con kia là con gì?

B: ....

3 A: ....

B: Tôi muốn mua 2 quyển sách.

4 A: ....

B: Cái đó được làm bằng lá.

2 다음을 베트남어로 써보세요.

1 오렌지 3개 ....

2 사전 2권 ....

3 오토바이 5대 ....

4 종이 10장 ....

5 책상 4개 ....

3 <보기>에서 알맞은 동사를 골라 빈칸에 써보세요.

| 보기 |

ngắm xem trông nhìn

1 Tôi muốn .... phim hành động.

2 Anh ấy .... cô ấy và vẽ lại.

3 Chị ấy .... cảnh ở ngoài.

4 Hôm nay tôi phải .... em.

기본 동사

ăn	먹다	thích	좋아하다
uống	마시다	ghét	싫어하다
đi	가다	muốn	원하다
đến	도착하다, 오다	hiểu	이해하다
về	돌아오다, 돌아가다	mua	사다
học	공부하다	mua sắm	쇼핑하다
dạy	가르치다	bán	팔다
xem	보다	hỏi	질문하다
nói	말하다	trả lời	대답하다
nói chuyện	이야기하다	lên	오르다
đọc	읽다	xuống	내리다
nghe	듣다	vào	들어오다, 들어가다
biết	알다	ra	나가다
viết	쓰다	chơi	놀다 / 운동, 연주를 하다
làm	하다 / 만들다	chọn	선택하다
có	가지다, 있다	đi bộ	걷다
mặc	입다	đi dạo	산책하다
đi / mang	신다	chạy	달리다
hát	노래하다	mượn	빌리다
nhảy / múa	춤추다	đặt	예약하다
chờ / đợi	기다리다	gọi	부르다 / (전화를)걸다 / 주문하다
cần	필요하다	thức dậy	일어나다
giúp / giùm	돕다	ngủ	자다
gửi	보내다	bắt đầu	시작하다
nhận	받다	xong	마치다

기본 형용사

tốt	좋은	đắt / mắc	비싼
xấu	나쁜 / 못생긴	rẻ	저렴한
đẹp / xinh	예쁜	nhiều	많은
đẹp trai	잘생긴	ít	적은
khó	어려운	mệt	피곤한
dễ	쉬운	bận	바쁜
giỏi	잘하는	rảnh / rỗi	한가한
kém	부족한	mới	새로운
nóng	더운 / 뜨거운	cũ	낡은, 오래된
lạnh	추운 / 차가운	nhanh	빠른
cao	높은 / 키가 큰	chậm	느린
thấp	낮은 / 키가 작은	sớm	일찍
nặng	무거운	muộn / trễ	늦은
nhẹ	가벼운	ngon	맛있는
lớn / to	큰	sạch	깨끗한
nhỏ	작은	bẩn	더러운
trẻ	어린	nghèo	가난한
già	늙은	giàu	부유한
gần	가까운	vui	즐거운
xa	먼	buồn	슬픈
béo / mập	뚱뚱한	đúng	옳은, 맞는
gầy	마른	sai	틀린
dài	긴	rộng	넓은
ngắn	짧은	chật / hẹp	좁은
lạ	낯선	hiền	착한

BÀI 11

경험 당신은 두리안을 먹어본 적 있나요?

Chị đã ăn sầu riêng bao giờ chưa?

Hội thoại

11-1

Mi-na: Quả xoài này ngọt quá! So với Hàn Quốc thì hoa quả Việt Nam không những ngon mà còn rẻ nữa.

Quang: Đúng rồi. Ngoài xoài ra, ở đây có nhiều hoa quả đa dạng. Em đã ăn sầu riêng bao giờ chưa?

Mi-na: Chưa bao giờ. Em không thể ăn được vì mùi khó chịu.
Vậy anh đã ăn sầu riêng lần nào chưa?

Quang: Dĩ nhiên là ăn rồi chứ! Mặc dù có mùi quá nặng nhưng vị ngọt. Lần sau em nhất định phải ăn thử đi.

미나: 이 망고는 정말 달아요! 한국에 비해 베트남 과일은 맛있을 뿐만 아니라 저렴하기도 해요.

꾸앙: 맞아. 망고 외에도 여기엔 다양한 많은 과일이 있어. 너 두리안 먹어본 적 있어?

미나: 아직 한 번도 없어요. 고약한 냄새 때문에 먹을 수가 없었어요.
그럼 오빠는 두리안을 먹어본 적이 있어요?

꾸앙: 당연히 이미 먹어봤지! 비록 냄새가 너무 심할지라도 맛은 달콤해. 다음번에 너 꼭 먹어봐.

Từ vựng

xoài 망고

ngọt 달콤한

~ thì ~ 면, ~ 는 (주어 강조)

hoa quả 과일

đúng 옳은, 맞는

nhiều 많은

đa dạng 다양한

sầu riêng 두리안

mùi 냄새

khó chịu 참기 힘든

vậy (= thế) 그럼, 그러면

dĩ nhiên (là) 당연히

'당연히'라는 표현은 'dĩ nhiên' 외에 'đương nhiên, tất nhiên'도 있습니다.

nặng 무거운 / 심한

vị 맛

lần sau 다음번

Ngữ pháp

1 경험 묻기 (~ 해본 적이 있나요?)

앞서 배운 'đã ~ chưa' 형태의 의문문이 단순히 동사의 완료 여부만 묻는 형태라면 '~ bao giờ chưa?'는 '~ 해본 적이 있나요?'의 뜻으로 상대방의 경험을 물어보는 표현이 됩니다. 이와 같은 표현으로 '~ lần nào chưa?'도 있습니다.

주어 + (đã) 동사 + bao giờ chưa? = 주어 + (đã) 동사 + lần nào chưa?	주어는 '동사'를 언제 해본 적이 있나요?

위 의문문 형식의 긍정 대답은 'rồi', 부정 대답은 'chưa'로 표현할 수 있습니다.
단, 경험을 하지 못한 것을 강조하며 '아직 ~ 한번도 해본 적이 없다'와 같은 의미인 'chưa bao giờ'로 대답해도 좋습니다.

예 Em đã mặc áo dài bao giờ chưa? 너 아오자이 입어본 적이 있어?

- 긍정: Rồi, em đã mặc áo dài nhiều lần rồi.
  네(완료), 저는 아오자이를 여러 번 입어 봤어요.
- 부정: Chưa, em chưa bao giờ mặc áo dài.
  / em chưa mặc áo dài bao giờ.
  아직이요(미완료), 저는 아직 아오자이를 입어본 적이 없어요.

2 동사 + thử

'thử'는 '시도하다, 시험하다'라는 의미의 동사로서 '동사 + thử'의 형태로 '~ 해보다'라는 의미의 표현입니다. 또 다른 형태로 'thử + 동사 + xem', '동사 + thử xem', '동사 + xem'도 있습니다.

예 Tôi đã ăn thử hủ tiếu ở Việt Nam. 나는 베트남에서 후띠에우를 먹어 봤었습니다.
Chúng tôi cũng sẽ nghĩ xem. 우리도 생각 좀 해볼게요.
Chị mặc thử xem đi. 언니(누나) 입어보세요.
Các bạn thử xem lại xem nhé. 여러분들 다시 봐봐요.

3 nhất định ~ 반드시

'nhất định'은 부사로 '반드시, 틀림없이'라는 의미의 표현입니다.

예 Nhất định chúng ta sẽ gặp lại. 반드시 우리는 다시 만날 겁니다.

Nhất định bạn sẽ thành công. 당신은 꼭 성공할 겁니다.

4 so với ~에 비하면

'so với ~'는 '~ 에 비하면, ~ 에 비해'라는 의미로 뒤에 비교 대상이 함께 옵니다.

예 So với cậu thì mình thông minh hơn.
너에 비하면 내가 더 똑똑하지.

Sống ở Việt Nam thoải mái hơn so với ở Hàn Quốc.
한국에서 사는 거에 비해 베트남에서 사는 게 편해요.

5 'A일 뿐만 아니라 B이기도 하다' 구문

'주어 + không những A mà còn B (nữa)'는 'A일 뿐만 아니라 B이기도 하다'라는 의미의 표현입니다. 앞에 나온 'vừa A vừa B'와 유사한 의미를 가집니다.

예 Anh ấy không những mua xe máy mà còn mua xe ô tô nữa.
그는 오토바이를 샀을 뿐만 아니라 자동차도 샀습니다.

Chị ấy không những hát hay mà còn nhảy cũng rất giỏi nữa.
그녀는 노래를 잘할 뿐만 아니라 춤도 정말 잘 춥니다.

6 '비록 A 할지라도 B 하다' 구문

'(Mặc) dù A nhưng B'는 '비록 A 할지라도 B 하다'라는 의미를 가지며, 'mặc'은 생략이 가능합니다. 'Tuy A nhưng B'도 같은 의미를 가지며, 'B (mặc) dù / tuy A'의 형태로도 사용할 수 있습니다.

예 Mặc dù em không giàu nhưng hạnh phúc lắm.
비록 저는 부유하지는 않아도 정말 행복합니다.

Tuy mệt nhưng tôi phải đi làm.
비록 피곤할지라도 나는 일하러 가야 합니다.

Anh ấy rất giỏi tiếng Việt mặc dù học tiếng Việt chỉ 5 tháng.
그는 비록 베트남어를 단지 5개월 동안만 공부했지만 베트남어를 정말 잘합니다.

Diễn đạt

11-2

| 과일 | *종별사를 앞에 붙여서 학습하셔도 됩니다.

오렌지	cam	사과	táo
바나나	chuối	레몬	chanh
포도	nho	파인애플	dứa / thơm
수박	dưa hấu	딸기	dâu tây
망고	xoài	두리안	sầu riêng
코코넛	dừa	파파야	đu đủ
복숭아	đào	아보카도	bơ
귤	quýt	자두	mận

| 채소 |

고추	ớt	마늘	tỏi
파	hành	양파	hành tây
감자	khoai tây	고구마	khoai lang
배추	bắp cải	무	củ cải
옥수수	ngô	당근	cà rốt
오이	dưa chuột	토마토	cà chua
콩나물	giá	호박	bí
인삼	nhân sâm	버섯	nấm

● 경험에 대해 물어보는 표현

- Anh/Chị đã đi Hàn Quốc bao giờ chưa? 한국에 가본 적 있나요?
  = Anh/Chị đã bao giờ đi Hàn Quốc chưa?
  = Anh/Chị đã đi Hàn Quốc lần nào chưa?
  = Anh/Chị đã từng đi Hàn Quốc chưa?

Bài nói

11-3

상황 다른 국적의 두 사람이 각 나라의 음식에 대해 물어보는 상황

A: Em đã từng đi Hàn Quốc chưa?

B: Em chưa từng đi Hàn Quốc. Em chưa có dịp đi tuy họ hàng ở đó.

A: Thì ra là thế. Em ăn Kim-chi Hàn Quốc bao giờ chưa?

B: Tất nhiên! Em đã ăn nhiều lần rồi. Ở Việt Nam cũng dễ tìm thấy được. Còn chị đã uống Nếp mới lần nào chưa?

A: Chị chưa uống bao giờ.
Đó là rượu nổi tiếng ở Việt Nam, đúng không?

B: Đúng rồi. Em thích rượu đó lắm.

A: 너 한국에 가본 적 있어?

B: 저는 아직 한국에 가본 적이 없어요. 비록 친척이 그곳에 있어도 갈 기회가 아직 없었어요.

A: 그랬구나. 너 한국 '김치'는 먹어본 적 있어?

B: 당연하죠! 저 많이 먹어봤죠. 베트남에서도 쉽게 찾을 수 있어요.
그럼 누나는 '넵머이' 마셔본 적 있나요?

A: 아직 한번도 안 마셔봤어. 그거 베트남에서 유명한 술이지?

B: 맞아요. 저는 그 술을 정말 좋아해요.

Luyện tập

11-4

- Anh/Chị đã ăn sầu riêng bao giờ chưa? 당신은 두리안을 먹어본 적 있나요?
- Tôi chưa bao giờ ăn sầu riêng. 나는 한번도 두리안을 먹어본 적이 없어요.
- Mặc dù em không giàu nhưng hạnh phúc lắm.
  비록 저는 부유하지는 않아도 정말 행복합니다.
- Hoa quả Việt Nam không những ngon mà còn rẻ.
  베트남 과일은 맛있을 뿐만 아니라 저렴하기도 해요.
- Nhất định tôi sẽ thành công. 나는 꼭 성공할 것입니다.
- Dĩ nhiên chứ. 당연하죠.

Bài tập

11-5

1 녹음을 듣고 빈칸을 채워보세요.

1 ....

2 ....

3 ....

4 ....

2 <보기>에서 알맞은 단어를 골라 빈칸에 써보세요.

| 보기 |

tuy thử chứ ra với

1 Trà này rất ngon. Em uống .... đi.

2 Tôi phải đi làm .... rất mệt.

3 So .... tuổi thì em rất cao.

4 Anh vẫn khỏe ....?

5 Ngoài phở ...., tôi đã ăn nhiều món ăn Việt Nam.

3 다음 문장을 베트남어로 표현해 보세요.

1 베트남에 가본 적이 있나요?

....

2 나는 한번도 그를 만난 적이 없습니다.

....

3 그에 비하면 내가 더 잘생겼습니다.

....

4 이 옷을 입어봐도 될까요?

....

BÀI 12

전화 여보세요. VINA 택시입니다.

A-lô. Tắc-xi VINA xin nghe đây ạ.

Từ vựng

a-lô 여보세요

tắc-xi 택시

nghe 듣다

ạ 문미에 위치하여 존칭의 의미

chiếc 대, 짝 (종별사 중 하나)

chỗ 자리, 곳

đường 길 / 설탕

hết 다하다, 다 없어지다

mở 열다

cửa 문

số điện thoại 전화번호

lái xe (= tài xế)
운전기사

'lái xe'는 원래 '운전하다'라는 의미의 동사이며, '운전기사'라는 직업으로도 사용할 수 있습니다.

liên lạc với
~ 에게 연락하다

Hội thoại

12-1

Công ty tắc-xi: A-lô. Tắc-xi VINA xin nghe đây ạ.

A-Young: Cho tôi một chiếc xe tắc-xi 4 chỗ. Tôi đang ở số 10 đường Cầu giấy.

Công ty tắc-xi: Bây giờ hết xe tắc-xi 4 chỗ rồi nên chị phải chờ 15 phút. Xin lỗi chị chờ một chút thôi được không ạ?

A-Young: Cũng được. Giá mở cửa tắc-xi là bao nhiêu?

Công ty tắc-xi: Giá mở cửa là 7,000 đồng. Chị cho em biết số điện thoại của chị nhé!

A-Young: Số của tôi là 0912-986-547.

Công ty tắc-xi: Cảm ơn chị. Lái xe sẽ liên lạc lại với chị.

A-Young: Vâng, tôi sẽ chờ ở đây.

택시회사: 여보세요. VINA택시입니다.

아영: 4인승 택시 1대 보내주세요. 나는 꺼우 져이 길 10번지에 있어요.

택시회사: 지금 4인승 택시가 없어서 당신은 15분 기다려야 합니다. 죄송한데 조금만 기다려 주실 수 있나요?

아영: 괜찮아요. 택시 기본 요금이 얼마예요?

택시회사: 기본 요금은 7천동입니다. 전화번호 좀 알려주세요!

아영: 제 번호는 0912-986-547입니다.

택시회사: 고맙습니다. 기사님이 당신에게 연락할 것입니다.

아영: 예, 여기서 기다릴게요.

Ngữ pháp

1 ạ 의 용법

'ạ'는 상대방에게 예의를 갖추거나 경의를 표하기 위해 평서문이나 의문문의 끝에 사용합니다.

예 Em biết rồi ạ. 알았습니다.
Ngân hàng ở đâu ạ? 은행이 어디에 있습니까?

2 전화상의 주요 표현

여보세요	a-lô
누구세요?	ai đấy? / ai đó?
여기는 / 나는 ○○○ 입니다	○○○ xin nghe đây ạ / nghe đây ạ / xin nghe
부재중입니다	đi vắng rồi
외출하셨어요	đi ra ngoài rồi
지금 자리에 안 계시네요	bây giờ không có ở đây
나중에 다시 걸게요	gọi điện lại sau
통화 중이에요	máy đang bận / đang nói chuyện điện thoại
메시지를 남겨주시기 바랍니다	xin vui lòng để lại tin nhắn
전화를 잘못 걸었습니다	gọi nhầm số rồi
잠시만 기다리세요	chờ một chút / đợi một chút
전화 끊을게요	cúp máy nhé

3 cho 의 여러가지 쓰임

'cho'는 베트남어에서 다양한 의미로 사용됩니다.

① cho 동사로써 '주다'	Anh ấy đã cho tiền. 그가 돈을 주었습니다.

② 주어 + 서술어 + cho + 명사 '명사'에게 / '명사'를 위해	Tôi mua hoa cho bạn gái. 나는 여자 친구를 위해 꽃을 삽니다. Chị gọi điện thoại cho bố mẹ 언니(누나)는 부모님에게 전화를 겁니다.
③ cho + 명사(사람) + 동사 '명사(사람)'로 하여금 '동사'하게 하다	Cho em đến ga Hà Nội. 제가 하노이역에 도착하게 해주세요. → 하노이역으로 가주세요. Cho tôi xem thực đơn. 내가 메뉴 좀 보게 해주세요. → 메뉴 좀 보여주세요.
④ cho + 명사(사람) + 명사 '명사(사람)'에게 '명사'를 주다	Cho tôi cái này. 이거 주세요. Cho tôi hóa đơn. 영수증 주세요.
⑤ cho + 형용사 ~ 하게, ~ 하도록	Họ đang nói chuyện cho vui. 그들은 즐겁게 이야기를 하고 있습니다. Tôi đã dọn phòng cho sạch. 나는 깨끗하게 방을 청소했습니다.

4 rồi 의 접속사로서의 역할

'rồi'는 문장 끝에서 '이미 ~ 했다'와 같이 완료 시제의 표현으로 많이 쓰이나, 문장의 중간에 위치하여 두 문장을 이어주면서 앞의 동작이 발생한 후 이어서 다른 동작이 발생함을 표현할 때 사용합니다.

주어 + A + rồi + (주어) + B	주어는 A하고 나서 B를 합니다

예 Tôi uống cà phê rồi bắt đầu làm việc. 나는 커피를 마시고 나서 일을 시작합니다.
Mùa thu qua rồi mùa đông tới. 가을이 지나고 나서 겨울이 옵니다.

5 hết 의 용법

'hết'은 '다하다, 다 사용하다'라는 의미의 동사로 '동사 + hết' 형태처럼 다른 동사와 함께 사용할 수 있습니다.

예 Các em đã hiểu hết chưa? 여러분 다 이해했어요?
Cái váy đó đã được bán hết. 그 치마는 다 팔렸습니다.

또한 'hết + 명사'의 형태로 쓰면 '어떤 명사를 다 소모하다, 다 쓰다'라는 의미가 됩니다.

예 Hết tiền rồi. 돈이 다 떨어졌어요.
Buổi biểu diễn đó đã hết vé. 그 공연은 표가 매진되었습니다.

Diễn đạt

12-2

| 전화 관련 표현 (1) |

gọi điện thoại	전화를 걸다
nghe điện thoại / nhận điện thoại	전화를 받다
cúp điện thoại	전화를 끊다
có điện thoại	전화가 오다
chuyển điện thoại / chuyển máy	전화를 바꾸다
gửi tin nhắn / nhắn tin	문자를 보내다
nhận tin nhắn	문자를 받다

| 전화 관련 표현 (2) |

điện thoại di động	이동전화, 휴대폰
số điện thoại	전화번호
điện thoại quốc tế	국제전화
điện thoại công cộng	공중전화
mã quốc gia	국가번호
mã khu vực	지역번호

● 전화할 때 유용한 표현

- Cho tôi gặp ○○○. ○○○ 씨와 통화하게 해주세요.
- ○○○ đi vắng. ○○○ 씨는 부재중이에요.
- Anh/Chị gọi tôi có việc gì? 무슨 일로 전화하셨나요?
- Tôi sẽ nhắn tin cho. 문자 보낼게요.
- Tôi sẽ liên hệ lại sớm. 곧 다시 연락할게요.
- Tôi sẽ gọi điện hoặc nhắn tin. 전화나 문자 드릴게요.
- Tôi sẽ liên lạc riêng với bạn. 따로 연락할게요.
- Tôi sẽ chờ/đợi bạn liên lạc. 연락 기다릴게요.

Bài nói

12-3

(상황) 학과 사무실에 전화해서 교수님을 찾는 상황

A: A-lô. Xin cho em gặp cô giáo Hiền.

B: Chờ một chút… Tôi sẽ chuyển máy cho cô Hiền.
Cô giáo đi vắng rồi. Xin lỗi, ai đấy ạ?

A: Em là A-Young, du học sinh Hàn Quốc. Làm ơn cho em biết số điện thoại di động của cô giáo Hiền. Em muốn nhắn tin cho cô trước vì có việc gấp.

B: Vâng, tôi biết rồi. Chị ghi nhé. Số là 0931-207-356.

A: Cảm ơn nhiều.

A: 여보세요. 히엔 교수님을 만나고 싶습니다.

B: 잠시만요… 교수님께 전화를 바꿔드릴게요.
교수님이 부재중이시네요. 실례지만, 누구시죠?

A: 저는 한국 유학생 아영이에요. 교수님의 휴대폰 번호 좀 알려 주세요. 급한 일이 있어서 먼저 문자라도 보내고 싶어요.

B: 예, 알겠어요. 적으세요. 0931-207-356이에요.

A: 정말 감사합니다.

Luyện tập

12-4

- A-lô, tắc-xi VINA xin nghe đây. 여보세요, VINA 택시입니다.
- Cho tôi một chiếc xe tắc-xi bốn chỗ. 4인승 택시 1대 보내주세요.
- Giá mở cửa tắc-xi là bao nhiêu? 택시 기본 요금이 얼마예요?
- Cho tôi biết số điện thoại của anh/chị nhé. 당신의 전화번호를 알려주세요.
- Tôi uống cà phê rồi bắt đầu làm việc. 나는 커피를 마시고 나서 일을 시작합니다.
- Xin lỗi anh/chị chờ một chút. 죄송한데 조금만 기다려주세요.

Bài tập

🎧 12-5

1 녹음을 듣고 빈칸을 채워보세요.

1 A: A-lô. Thư viện Hà Nội ________ ________.

B: Chào cô. ________ ________ ________ ________ một chút.

2 A: Cái này là ________ ________ ________ ________ ________ ________ ________?

B: Đây là ________ ________ ________ ________ ________.

3 A: Cậu đã uống ________ ________?

B: Ừ, ________ ________ ________ ________ rồi.

4 A: Ngày mai chị sẽ ________ ________ ________ em.

B: Vâng, em sẽ ________ ________ ________ ________.

2 아래 단어들을 바르게 배열하여 문장을 완성하세요.

1 đến / cho / xin / tôi / khách sạn

____.

2 cho / cà phê / một / em / nóng / ly

____.

3 uống / sáng / tôi / trà / ăn / rồi

____.

3 다음 대화를 읽고 빈칸에 알맞은 단어를 써넣으세요.

A: A-lô. Khoa tiếng Việt ______ ______ ______.

여보세요. 베트남어과 입니다.

B: Chào cô. Cô ______ ______ ______ ______

______ thầy Bình.

안녕하세요. 빈 교수님과 이야기를 하고 싶습니다.

A: Vâng, anh ______ ______ ______ ______.

예, 조금만 기다려 주세요.

(một lát sau) Bây giờ thầy Bình ______ ______

______.

(잠시 후) 지금 빈 교수가 부재중입니다.

B: Thế à? Vậy lát nữa, ______ ______ ______ ______

______ ______.

그래요? 그럼 잠시 후에 다시 걸겠습니다.

BÀI
13

쇼핑 모두 얼마입니까?

Tất cả là bao nhiêu tiền?

Hội thoại

13-1

Người mua: (Khách hàng) Chị ơi! Một cân cam bao nhiêu tiền?

Người bán: 65.000 đồng một cân. Cam ngon và tươi lắm.

Người mua: Ôi! Quá đắt! Thế, quả chuối này thì bán thế nào?

Người bán: Một nải là 40.000 đồng. Cam và chuối đều ngon thật. Nếu chị mua cả hai thì tôi sẽ bớt cho chị 20.000 đồng.

Người mua: Vậy thì tất cả là bao nhiêu tiền?

Người bán: Tất cả là 85.000 đồng.

Người mua: Chị giảm giá một chút nữa đi. 80.000 đồng đi. Tôi muốn mua nhưng thiếu tiền.

Người bán: Thôi được rồi. Chị mặc cả giỏi thế!

구매자 (손님): 저기! 오렌지 1kg 얼마인가요?

판매자 (상인): 1kg에 6만 5천동이에요. 오렌지 정말 신선하고 맛있어요.

구매자 (손님): 오! 너무 비싸네요! 그러면, 이 바나나는 어떻게 파나요?

판매자 (상인): 한 다발에 4만동이에요. 오렌지랑 바나나 모두 진짜 맛있어요. 만약 둘 다 사면 내가 2만동 깎아줄게요.

구매자 (손님): 그러면 모두 얼마인가요?

판매자 (상인): 모두 8만 5천동이에요.

구매자 (손님): 조금만 더 할인해줘요. 8만동으로 해줘요. 나는 사고 싶지만 돈이 부족해요.

판매자 (상인): 그래 알겠어요. 당신 흥정 잘 하시네요!

Từ vựng

khách hàng 고객, 손님
cân 무게 / kg
cam 오렌지
ngon 맛있는
tươi 신선한
chuối 바나나
nải 다발
thật 진짜, 정말
bớt 줄이다, 깎다
giảm giá 값을 깎다
thiếu 부족한
thôi 그만하다
mặc cả 흥정하다

Ngữ pháp

1 가격을 묻는 표현

(Giá) bao nhiêu? = Bao nhiêu (tiền)?	얼마입니까? * '값, 돈'을 함께 사용해도 되고 둘 다 생략할 수도 있습니다. 단, 두 단어의 위치는 지켜서 사용하세요.
~ bán thế nào?	~ 어떻게 파나요?

예 Nhẫn của chị giá bao nhiêu? 당신의 반지는 얼마입니까?
Chiếc máy giặt này bao nhiêu tiền? 이 세탁기는 얼마입니까?
Cái kia bán thế nào? 저것은 어떻게 파나요?

PLUS+

의류 · 잡화 매장에서 사용되는 표현들도 살펴보도록 하겠습니다.

쇼핑 관련 표현 (1)

- Hàng mới về 신상품 입고
- Mua một tặng một 하나 사면 하나 더 증정 (1 + 1)
- Giảm giá đặc biệt 특별 할인
- Phiếu giảm giá 할인 쿠폰
- Khuyến mại / Khuyến mãi 세일 (할인 판매)
- Giá niêm yết 정찰제

쇼핑 관련 표현 (2)

- Tôi chỉ xem thôi. 구경만 할게요.
- Có loại khác không? 다른 종류 있나요?
- Có màu khác không? 다른 색깔 있나요?
- Cho tôi cỡ nhỏ/lớn hơn. 더 작은/큰 사이즈로 주세요.
- Cái áo này vừa với tôi. 이 옷은 나에게 맞아요.
- Cái đó đã được bán hết rồi. 그것은 품절되었어요.
- Phòng thay đồ ở đâu? 탈의실은 어디에 있나요?

2 수량 형용사 위치

일반적으로 베트남어에서 명사를 수식하는 방식은 뒤에서 꾸미는 '후치 수식'입니다. 단, 수량을 나타내는 형용사는 '수량 형용사 + 명사'의 구조로 명사 앞에 위치해야 합니다. 수량 형용사에는 'nhiều (많은) / ít (적은) / đủ (충분한) / thiếu (부족한)' 등의 표현들이 있습니다.

예 Nhiều người đi du lịch vào nghỉ hè. 여름 휴가 때 많은 사람이 여행을 갑니다.
Trong ví tôi có ít tiền. 내 지갑에는 돈이 조금 있습니다.
Trong tủ lạnh có đủ đồ ăn. 냉장고 안에는 충분한 음식이 있습니다.

3 가정법 - 만약 nếu ~ thì

'nếu A thì B'는 '만약 A라면 B하다'라는 의미의 가정법 표현입니다. 'B nếu A'의 형태로 순서를 바꿔서 사용할 수도 있습니다. 여기서 'thì'는 강조의 의미로 생략이 가능합니다.

예 Nếu có cơ hội thì chúng ta sẽ gặp lại. 만약 기회가 있다면 우리는 다시 만날 거예요.
= Chúng ta sẽ gặp lại nếu có cơ hội.

Nếu bạn muốn thì tôi sẽ giúp bạn. 만약 당신이 원하면 내가 당신을 도울게요.
= Tôi sẽ giúp bạn nếu bạn muốn.

PLUS+

'giá A thì B'는 또 다른 가정법으로 실현 가능성이 거의 없거나, 돌이킬 수 없는 이미 지나간 과거나 상황을 가정할 때 사용할 수 있습니다.

예 Giá tôi là tổng thống thì có sẽ có nhiều quyền lực.
만약 내가 대통령이라면 많은 권력을 가질 텐데.

Giá thức dậy sớm lúc đó thì đã không đến muộn.
만약 그때 일찍 일어났다면 지각하지는 않았을 텐데.

4 '모두' 부사의 여러 가지 표현

tất cả	- '모든 것, 전체'라는 명사적 의미도 있어서 단독으로도 사용 - tất cả các ~ / tất cả mọi 형태로도 사용	Tất cả mọi việc sẽ tốt đẹp. 모든 일이 잘 될 겁니다. Tất cả là bao nhiêu? 모두 얼마입니까?
đều	주어가 복수일 때, 주어의 뒤에 위치하여 사용	Ba người đều là người Mỹ. 세 사람 모두 미국인입니다. Mọi người đều đến rồi. 모든 사람들이 도착했습니다.
mọi	'mọi + 명사'의 형태로 사용	Tôi thích mọi môn thể thao. 나는 모든 스포츠를 좋아합니다. Xin chào mọi người. 여러분 안녕하세요.
cả	- cả + 집합 명사 - cả + 숫자 - cả + A và B	Cả gia đình an toàn. 가족 모두 안전합니다. Nó ngủ cả ngày. 그 애는 하루 종일 잡니다. Tôi sẽ mua cả hai. 나는 둘 다 모두 살게요. Tôi nói được cả tiếng Việt và tiếng Pháp. 나는 베트남어와 불어를 모두 말할 수 있습니다.

5 thôi 의 용법

'thôi'는 '그만두다'라는 의미의 동사이며, 단독으로 쓰이면 '그만, 됐어'라는 의미로 어떤 사건이나 상황을 종료시킬 때 사용합니다. 이때 부정의 의미는 아니며 단순히 상황을 끝내자는 뜻으로 긍정, 부정의 대답에 모두 사용할 수 있습니다.

예 Em xin thôi việc. 일을 그만두겠습니다.

Thôi, đi đi. 그만해, 가자.

Thôi, đừng ăn nữa! 그만 먹어요!

또한 'thôi'는 문장의 끝에서 어떤 것을 '함께, 같이 ~ 하자'라는 의미로도 쓰입니다.

예 Đi ăn cơm thôi. 밥 먹으러 가자.

Bây giờ chúng ta tan sở thôi. 이제 우리 같이 퇴근합시다.

Diễn đạt

13-2

| 색깔 |

검은색	màu đen	하얀색	màu trắng
빨간색	màu đỏ	노란색	màu vàng
파란색	màu xanh dương	초록색	màu xanh lá
분홍색	màu hồng	주황색	màu cam
보라색	màu tím	남색	màu navy
회색	màu xám	갈색	màu nâu
은색	màu bạc	금색	màu vàng (kim)
베이지색	màu be	청록색	màu ngọc lam

1 가격을 물어보는 표현

- Cái này là bao nhiêu? 이거 얼마예요?
  = Cái này là bao nhiêu tiền?
  = Cái này giá bao nhiêu?
  = Cái này giá bao nhiêu tiền?
- Cái này bán thế nào? 이것은 어떻게 파나요?

2 가격을 흥정하는 표현

- Giảm giá được không? 할인해줄 수 있나요?
  = Bớt giá được không?
- Giảm giá cho tôi đi. 깎아주세요.
  = Bớt giá cho tôi đi.
- Giảm/Bớt giá đi thì tôi sẽ mua. 할인해주면 살게요.

Bài nói

13-3

상황 옷가게에서 옷을 고르는 상황

A: Chị ơi! Cho tôi xem cái áo này.

B: Vâng. Đây là hàng mới về.

A: Tôi mặc thử được chứ? Phòng thay đồ ở đâu?

B: Được. Phòng thay đồ ở kia.

(Mấy phút sau)

A: Cái này là bao nhiêu?

B: Áo này 500.000(năm trăm nghìn) đồng.

A: Tôi muốn mua nhưng đắt quá. Bớt giá được không?

B: Xin lỗi nhưng không được. Đây là sản phẩm mới mà.

A: 저기! 이 옷 좀 보여주세요.

B: 네. 이 옷은 새로 들어온 거예요.

A: 입어 봐도 될까요? 탈의실은 어디에 있나요?

B: 네. 탈의실은 저쪽이에요.

(몇 분 후)

A: 이거 얼마예요?

B: 이 옷은 50만동입니다.

A: 사고 싶은데 가격이 너무 비싸네요. 할인해줄 수 있나요?

B: 죄송하지만 할인이 안 됩니다. 신상품이잖아요.

Luyện tập

13-4

- Tất cả là bao nhiêu tiền? 모두 얼마인가요?
- Cái này bán thế nào? 이것은 어떻게 파나요?
- Anh/Chị giảm giá một chút nữa đi. 조금만 더 할인해주세요.
- Nếu mua cả hai thì tôi sẽ bớt cho anh/chị. 만약 두 개를 사면 내가 할인해줄게요.
- Tôi muốn mua nhưng thiếu tiền. 나는 사고 싶은데 돈이 부족해요.
- Anh/Chị mặc cả giỏi thế. 흥정 잘 하시네요.

Bài tập

13-5

1 녹음을 듣고 빈칸을 채워보세요.

Anh Hùng là __________ của một công ty __________. __________ một năm anh ấy làm việc __________. Nhưng dạo này anh ấy muốn __________ vì có __________ công việc. Và __________ anh ấy đi làm nên không có thời gian __________. __________ thôi việc thì anh ấy __________ sẽ đi du lịch __________ __________.

2 다음 대답에 어울리는 질문을 만드세요.

1 A: __________

B: Tất cả là 100.000 đồng.

2 A: __________

B: Không được. Ở đây là đúng giá.

3 A: __________

B: Nếu có nhiều tiền thì tôi sẽ mua xe ô tô mới.

3 다음 문장에서 틀린 부분을 찾아 고쳐 쓰세요.

1 Học sinh đều hiểu được tiếng Việt.

____

2 Mọi tất cả người đang chờ ông ấy.

____

3 Ở nhà sách đó có sách nhiều.

____

4 Nếu có cơ hội tuy chúng ta sẽ gặp lại.

____

BÀI 14

기간·시점 나는 베트남에 온 지 6개월 되었어요.

Tôi đến Việt Nam được 6 tháng rồi.

Hội thoại

14-1

Bảo: Cậu đã đến Việt Nam được bao lâu rồi?

Ji-A: Mình đã đến đây được 6 tháng rồi. Lâu lắm rồi!
Trong nửa năm qua, mình đã làm rất nhiều việc.

Bảo: Đúng rồi! Cậu đã giảng dạy tiếng Hàn cho người Việt.
Hơn nữa, cậu đã đi du lịch bụi một mình mà.

Ji-A: Ừ, từ miền Bắc đến miền Nam mình đã đi nhiều nơi.

Bảo: Thế, cậu sẽ ở Việt Nam bao lâu nữa?

Ji-A: Có lẽ là mình về Hàn Quốc trong năm nay.
Sau khi về Hàn Quốc mình sẽ vào công ty lớn để kiếm tiền.

Bảo: Thế à? Tất cả sẽ ổn thôi.

바오: 너 베트남에 온 지 얼마나 되었지?

지아: 나 여기 온 지 6개월 되었어. 정말 오래됐네!
지난 반년 동안 많은 일을 했어.

바오: 맞아! 너는 베트남인을 위해 한국어 강의도 했었지.
게다가, 혼자서 배낭여행도 갔잖아.

지아: 응, 북부에서부터 남부까지 많은 곳을 갔었지.

바오: 그러면, 너 베트남에 얼마나 더 있을 거야?

지아: 아마도 난 올해 안에는 한국에 돌아갈 거 같아.
한국에 돌아간 후에 돈을 벌기 위해 큰 회사에 들어갈 거야.

바오: 그래? 모두 다 잘 될 거야.

Từ vựng

- **lâu** 오랜
- **nửa** 절반
- **qua** 지나다
- **giảng dạy** 강의하다
- **hơn nữa** 게다가
- **du lịch bụi** 배낭여행
- **bụi** 먼지
- **một mình** 혼자, 홀로
- **miền** 지역
- **nơi** 곳, 장소
- **có lẽ (là)** 아마도
- **lớn** 큰
- **kiếm tiền** 돈을 벌다
- **ổn** 잘 되다, 괜찮다

Ngữ pháp

1 의문사 bao lâu

'bao lâu'는 '얼마나 오래, 얼마 동안'이라는 뜻을 가진 의문사로 기간이나 거리를 물을 때 사용합니다.

전체 기간	Anh học tiếng Việt bao lâu? 당신은 베트남어를 얼마 동안 공부하나요?
과거부터 현재까지	Anh đã học tiếng Việt (được) bao lâu rồi? 당신은 베트남어를 공부한 지 얼마나 됐나요?
현재부터 미래까지	Anh sẽ học tiếng Việt bao lâu nữa? 당신은 베트남어를 얼마나 더 공부할 건가요?

시제로 구분할 수 있으며, 각각 하나의 표현만 사용해도 됩니다.

2 시간, 때를 나타내는 표현

trước + 명사 / 명사 + trước	전 / 앞	Trước 11 giờ đêm, tôi đi ngủ. 밤 11시 전에 나는 자러 갑니다. 1 năm trước, tôi đã kết hôn. 1년 전에 나는 결혼을 했습니다.
trong + 명사	동안 / 안에	Chúng tôi đã thảo luận trong 2 tiếng. 우리는 2시간 동안 토론을 했습니다. Trong các bạn, ai học tiếng Hàn? 여러분들 중에 누가 한국어를 배우나요?
sau + 명사 / 명사 + sau	후 / 뒤	Sau bài thi, tôi sẽ đi chơi với gia đình. 시험 후에 나는 가족과 놀러 갈 것입니다. Mấy năm sau, tôi sẽ đi du lịch thế giới. 몇 년 후 나는 세계 여행을 갈 것입니다.

앞서 배운 'khi'와 결합하여 동사와 함께 사용할 수 있습니다.

trước khi + (주어) + 동사	~ 하기 전에	Trước khi ăn cơm, tôi phải uống thuốc. 밥을 먹기 전에 나는 약을 복용해야 합니다. Trước khi đi gặp anh ấy, tôi trang điểm. 그를 만나러 가기 전에 나는 화장을 합니다.
trong khi + (주어) + 동사	~ 하는 동안	Trong khi chờ xe buýt, tôi luôn nghe nhạc. 버스를 기다리는 동안에 나는 항상 음악을 듣습니다. Trong khi tôi làm bài tập, em gái đọc sách. 내가 숙제를 하는 동안에 여동생은 책을 읽습니다.
sau khi + (주어) + 동사	~ 한 후에	Sau khi ăn tối, tôi uống trà. 저녁을 먹은 후에 나는 차를 마십니다. Sau khi làm xong, họ sẽ có tiệc công ty. 일을 마친 후에 그들은 회식을 가질 것입니다.

3 được + 기간 + rồi

앞서 배운 ⟨được + 동사⟩의 형태는 '동사 되었다'의 수동 의미로 쓰여졌다면, 이번에는 'được'과 숫자(기간/나이)와 완료의 의미인 'đã'와 'rồi'가 결합하여 ⟨(đã) được + 기간 + rồi⟩의 형태로 '~ 한 지 ~ 되었다'의 의미로 사용됩니다.

예 Tôi làm việc ở công ty này (đã) được 3 năm rồi.
= Tôi (đã) làm việc ở công ty này được 3 năm rồi.
나는 이 회사에서 일한 지 3년이 되었습니다.

4 nửa + 단위

'nửa'는 '1/2, 절반'이라는 의미로, 숫자나 양으로 표현할 수 있는 명사 앞에 위치하여 쓰입니다.

예 Tôi đã chờ chị ấy nửa tiếng. 나는 30분 동안 그녀를 기다렸습니다.
Nửa năm đã trôi qua rồi. 반년이 흘렀습니다.

5 hơn nữa 게다가, 더 이상

비교급 'hơn(~ 보다 더)'과 시간이나 양을 더할 때 쓰는 'nữa(더)'가 함께 쓰여 부사로는 '더 이상, 더욱 더', 접속사로는 '게다가'의 의미로 사용됩니다.

예 Tôi sẽ cố gắng hơn nữa. 더욱 더 노력할게요.
Tôi không thể đi nhanh hơn nữa. 더 이상 빨리 갈 수는 없습니다.
Cô ấy là người thông minh. Hơn nữa cô ấy khiêm tốn lắm.
그녀는 똑똑한 사람이에요. 게다가 그녀는 정말 겸손해요.

6 기간과 시점 표현 비교

베트남어는 위치에 따라 의미가 다르게 표현되는 경우가 많습니다.

기간		시점	
1 ngày	1일 동안	ngày 1	1일
2 tuần	2주간	tuần thứ 2	2번째 주
3 tháng	3개월	tháng 3	3월
5 năm	5년 동안	năm 2020	2020년

이 외에, 다른 명사들도 숫자의 위치에 따라 다른 의미를 가지므로 주의해서 사용해야 합니다. 숫자가 앞에 올 때는 '양'을 의미한다는 것을 잊지 마세요!

3 tầng ≠ tầng 3	3층
20 bài ≠ bài 20	20과
100 trang ≠ trang 100	100쪽
12 lớp ≠ lớp 12	12학년

Diễn đạt

14-2

| 베트남의 주요 도시 |

하노이	**Hà Nội** 베트남의 수도, 베트남 사회 & 정치 중심지	무이네	**Mũi Né** 베트남 남부 판티엣 부근에 있는 해변 휴양지
호치민 (사이공)	**Thành phố Hồ Chí Minh / Sài Gòn** 베트남에서 제일 큰 도시, 베트남 경제 중심지	사파	**Sa Pa** 북부 베트남 국경 마을, 소수 민족의 도시
다낭	**Đà Nẵng** 중부 베트남의 항구도시이자 최대 상업도시	냐짱	**Nha Trang** 베트남 남동부 해안에 있는 항구 도시, 베트남 최대의 바다 휴양지
호이안	**Hội An** 베트남 천년의 고도, 국제무역항으로 번성했던 도시	하이퐁	**Hải Phòng** 베트남에서 세 번째로 큰 도시, 최대 항구 도시
후에	**Huế** 베트남 마지막 왕조의 수도, 베트남 역사 & 문화 중심지	껀터	**Cần Thơ** 베트남 남부의 메콩강 삼각주 최대의 도시
달랏	**Đà Lạt** 꽃과 과일의 도시, 베트남 최대 신혼여행지	푸꾸옥	**Phú Quốc** '베트남의 하와이'로 불리는 곳, 베트남 남부 시안만에 있는 섬

호치민의 경우 인물 호치민과 도시 호치민을 구분짓기 위해 'thành phố: 도시'를 붙여서 표기해야 합니다.

● 기간을 물어보는 표현

- Anh/Chị (đã) làm việc ở công ty này (được) bao lâu rồi?
  당신은 이 회사에서 일한 지 얼마나 되었나요?
- Anh/Chị (đã) làm việc ở công ty này (được) mấy năm rồi?
  당신은 이 회사에서 일한 지 몇 년 되었나요?
- Anh/Chị (sẽ) làm việc ở công ty này bao lâu nữa?
  당신은 이 회사에서 얼마나 더 일할 건가요?
- Anh/Chị (sẽ) làm việc ở công ty này mấy năm nữa?
  당신은 이 회사에서 몇 년 더 일할 건가요?
- Thời gian làm việc là từ khi nào đến khi nào?
  근무 기간은 언제부터 언제까지인가요?

Bài nói

14-3

상황 회사 근무 기간에 대해 이야기하는 상황

A: Anh làm việc ở công ty này được bao lâu rồi?

B: Được 3 năm rồi. Em làm việc ở công ty này mấy năm rồi?

A: Em đã làm việc được hơn 1 năm rồi. Dạo này em có quá nhiều việc nên em vất vả. Hơn nữa, từ năm sau em phải làm việc ở Việt Nam.

B: Thế à? Em định sẽ ở Việt Nam bao lâu?

A: Khoảng 2 năm. Chưa gì đã thấy lo lắng rồi.

A: 이 회사에서 일한 지 얼마나 되었어요?

B: 3년 됐지. 넌 이 회사에서 일한 지 몇 년 되었니?

A: 저는 1년 좀 넘었어요. 요즘 저는 일이 너무 많아서 힘들어요. 게다가, 내년에는 베트남에서 근무해야 해요.

B: 그래? 베트남에서 얼마 동안 있을 예정이야?

A: 약 2년 정도요. 벌써부터 걱정이에요.

Luyện tập

14-4

- Anh/Chị đã đến Việt Nam được bao lâu rồi?
  당신은 베트남에 온 지 얼마나 되었나요?
- Tôi đã đến Việt Nam được sáu tháng rồi. 나는 베트남에 온 지 6개월 되었어요.
- Anh/Chị sẽ ở Việt Nam bao lâu nữa? 당신은 얼마나 더 베트남에 있을 건가요?
- Sau khi về Hàn Quốc tôi sẽ vào công ty.
  한국에 돌아간 후에 나는 회사에 들어갈 거예요.
- Tôi sẽ cố gắng hơn nữa. 더욱 더 노력할게요.
- Tất cả sẽ ổn thôi. 모두 다 잘 될 거예요.

Bài tập

14-5

1 녹음을 듣고 빈칸을 채워보세요.

1 A: Chị sống ở đây ______________________?

B: Chị sống ở đây ______________________.

2 A: Tôi phải chờ ở đây ________________?

B: Xin lỗi, làm ơn chờ ______________________.

3 A: Anh muốn làm gì ______________________?

B: Anh muốn ______________________ trong một tháng.

4 A: Từ ______________________ em ở Đà Nẵng, đúng không?

B: Đúng rồi. Em ở ______________________.

2 다음 질문에 알맞은 대답을 쓰세요.

1 A: Một tiếng có bao nhiêu phút?

B: ______________________________________

2 A: Một ngày có bao nhiêu tiếng?

B: ______________________________________

3 A: Một tuần có mấy ngày?

B: ______________________________________

4 A: Một năm có mấy tháng?

B: ______________________________________

③ 다음 문장에서 틀린 부분을 찾아 고쳐 쓰세요.

1 Sau ăn cơm, chúng ta đi uống cà phê nhé!

2 Trước khi nửa tiếng, tôi đã làm bài tập xong rồi.

3 Tôi sẽ kết hôn được khoảng năm năm rồi.

4 Tôi giảng dạy tiếng Việt để người Hàn Quốc.

BÀI 15

날씨 오늘 날씨는 어때요?

Hôm nay thời tiết thế nào?

Hội thoại

15-1

Tấn: Hôm nay thời tiết ở Hàn Quốc như thế nào?

Hoa: Hôm nay trời đẹp lắm! Còn Hà Nội thì sao?

Tấn: Hà Nội thì đang mưa liên tục trong 3 ngày.
Hơn nữa, trời ẩm và nóng nực.

Hoa: Vào mùa hè thì Hà Nội thường như thế nhỉ. Theo dự báo thời tiết thì, từ ngày mai ở đây trời cũng sẽ mưa to.

Tấn: Ừ, em mang theo ô kẻo mắc mưa.

Hoa: Cảm ơn anh. Anh cũng hãy cẩn thận khi đi xe máy nhé.

Tấn: Ừ! Chúc một ngày tốt lành. Anh sẽ gọi điện lại sau nhé.

떤: 오늘 한국 날씨는 어때?

호아: 오늘 날씨가 정말 좋아요! 그러면 하노이는 어때요?

떤: 하노이는 3일 동안 연속으로 비가 오고 있어. 게다가, 덥고 습해.

호아: 하노이의 여름이 보통 그렇지 뭐. 일기 예보에 따르면, 내일부터 이곳도 많은 비가 온대요.

떤: 응, 비 맞지 않도록 우산 챙겨.

호아: 고마워요. 오빠도 오토바이 탈 때 조심하세요.

떤: 응! 좋은 하루 보내. 나중에 다시 연락할게.

Từ vựng

- **thời tiết** 날씨
- **trời** 하늘 / 날씨
- **mưa** 비 / 비가 오다
- **liên tục** 연속
- **ẩm** 습한
- **nóng nực** 더운
- **nhỉ** ~ 이네, ~ 지
- **dự báo** 예보
- **ngày mai** 내일
- **to** 큰
- **mang theo** 가져오다
- **ô** 우산
- **mắc mưa** 비를 맞다
- **hãy** ~ 하세요
- **cẩn thận** 조심하는
- **tốt lành** 좋은

Ngữ pháp

1 날씨 표현

날씨를 표현할 때 보통 2가지의 표현을 사용합니다.
① thời tiết + 날씨 표현
② trời + 날씨 표현

'날씨'라는 뜻을 가진 'thời tiết'을 사용하거나, '하늘'이라는 의미를 가진 'trời'에 날씨 표현을 더해 사용할 수 있습니다. 이때 'trời'는 뜻이 없는 비인칭주어처럼 쓰이며 일반 회화에서는 이 표현을 더 많이 사용합니다.

예 Hôm nay trời nóng. 오늘 날씨가 덥습니다.
Thời tiết ngày mai sẽ mưa to. 내일 날씨는 폭우가 올 것입니다.

2 (Còn) ~ thì sao? 어때요

'(Còn) A thì sao?'는 앞서 나온 내용과 비교해서 A가 어떤지 의견을 물어보기 위해 쓰는 표현입니다. 의미 전환을 위한 '그러면'이라는 의미를 가진 'còn'을 사용하면서 앞에 언급된 내용과 비교한다는 점이 중요합니다.
*주의: 1과에서 학습한 같은 의미의 'thế nào(어때요)'는 앞 내용의 유무와 상관없이 자유롭게 사용할 수 있습니다.

예 A: Chúng ta đi ăn phở nhé! 우리 쌀국수 먹으러 가자!
B: Ừm, tôi không thích phở lắm. 음, 나 쌀국수 별로 안 좋아해.
A: Còn xôi thì sao? 그러면 찹쌀밥은 어때?
B: Ừ, hay quá! 응, 너무 좋아!

Ở đây, trời nắng. Còn đảo Jê-Ju thì sao?
여기는 날씨가 좋아요. 그럼 제주도는 어때요?

3 theo ~ thì ~에 따르면

'theo'는 '따르다, ~ 에 따르면'이라는 의미의 표현으로 들은 이야기나, 자신의 생각을 전할 때 혹은 누군가에게 조언을 구할 때 사용하는 표현입니다.

예 Theo bài báo (thì) đội Việt Nam đã vô địch.
기사에 따르면, 베트남 팀이 우승했습니다.

Theo tôi nghĩ (thì) chị ấy chắc thi đậu.
내 생각에 그녀는 시험에 합격할 거 같아요.

Theo cô, em nên chọn khoa nào?
(여) 선생님 생각엔 제가 어떤 학과를 선택하는 게 좋을까요?

4 kẻo ~하지 않도록

'kẻo'는 부사로 '~ 하지 않도록, ~ 하면 안되므로'라는 의미로 다소 부드럽게 어떤 것을 하지 않도록 권유하는 표현입니다.

예 Anh cẩn thận kẻo bị thương đi. 다치지 않도록 조심하세요.
Con phải chuẩn bị nhanh kẻo muộn đấy. 늦지 않도록 빨리 준비해.

5 청유 · 요청의 표현 hãy

'hãy + 동사'는 상대방에게 요청할 때 쓰는 표현으로 명령형보다 좀 더 격식있고 정중한 표현입니다. 앞에서 학습했던 'đi', 'nhé'와 함께 사용할 수 있습니다. 이때 청자를 포함하는 '우리'라는 주어가 오면 '~ 합시다'의 청유문이 됩니다.

예 Hãy viết vào đây. 여기에 쓰세요.
Em hãy ăn bánh đi. 빵 먹어.
Các bạn hãy chú ý nhé. 여러분 주의하세요.
Chúng ta hãy quên việc đó. 우리 그 일은 잊읍시다.

6 기원 · 바람의 표현 chúc

'chúc'은 '기원하다, 바라다'라는 의미로, 문장의 앞에 위치하여 희망을 표현할 때 사용합니다.

예 Chúc ngủ ngon. 잘 자요.
Chúc thi tốt. 시험 잘 쳐요.
Chúc đi du lịch vui. 즐거운 여행이길 바랍니다.

Diễn đạt

15-2

| 날씨 |

하늘	trời	구름	mây
별	sao	무지개	cầu vồng
해	mặt trời	달	mặt trăng
눈	tuyết	비	mưa
바람	gió	태풍	bão
홍수	lũ lụt	가뭄	hạn hán
안개	sương mù	우박	mưa đá
천둥	sấm	번개	chớp
기후	khí hậu	기상청	cục khí tượng
온도	nhiệt độ	미세 먼지	bụi siêu mịn

| 계절 |

봄	mùa xuân	여름	mùa hè / mùa hạ
가을	mùa thu	겨울	mùa đông
건기	mùa khô / mùa nắng	우기	mùa mưa
춘하추동	xuân hạ thu đông	환절기	giao mùa

1 날씨를 물어보는 표현

- Hôm nay thời tiết/trời thế nào? 오늘 날씨는 어때요?
  = Thời tiết/Trời hôm nay thế nào?
- Hôm nay thời tiết sẽ như thế nào? 오늘 날씨가 어떨까요?
- Thời tiết ở bên ngoài thế nào? 밖의 날씨가 어때요?

2 날씨에 관한 여러 가지 표현

thời tiết / trời đẹp	날씨가 좋아요.
thời tiết / trời xấu	날씨가 안 좋아요.
thời tiết / trời nắng	햇빛이 좋아요.
thời tiết / trời trong lành quang đãng	날씨가 맑아요. 날씨가 화창해요.
thời tiết / trời ấm	날씨가 따뜻해요.
thời tiết / trời nóng	날씨가 더워요.
thời tiết / trời mưa mưa phùn mưa rào	비가 와요. 이슬비가 와요. 소나기가 와요.
thời tiết / trời lạnh rét	날씨가 추워요.
thời tiết / trời mát mẻ	날씨가 시원해요.
thời tiết / trời có mây	구름이 끼였네요.
thời tiết / trời có tuyết có tuyết rơi	눈이 내려요.
thời tiết / trời có ẩm ướt	날씨가 습해요.

Bài nói

15-3

상황 한국과 베트남의 날씨에 대해 이야기하는 상황

A: Thời tiết ở Việt Nam thế nào?

B: Vào mùa xuân, trời quang đãng và trong lành.

A: Còn vào mùa hè thời tiết thì sao?

B: Trời nóng và ẩm ướt. Hàn Quốc thời tiết như thế nào?

A: Hàn Quốc có 4 mùa. Vì thế, vào mùa xuân thì trời ấm, mùa hè thì trời nóng, mùa thu thì trời mát và mùa đông thì trời lạnh lắm.

B: À, thế à. Thời tiết Hà Nội cũng như vậy!

A: 베트남 날씨는 어때요?

B: 봄에는 화창하고 맑아요.

A: 그러면 여름에는 날씨가 어때요?

B: 덥고 습해요. 한국은 날씨가 어때요?

A: 한국에는 4계절이 있어요. 그래서 봄에는 따뜻하고, 여름은 덥고, 가을에는 시원하고 겨울은 정말 추워요.

B: 아, 그렇군요. 하노이 날씨도 그래요!

Luyện tập

15-4

- Hôm nay thời tiết thế nào? 오늘 날씨는 어때요?
- Hôm nay trời đẹp lắm. 오늘 날씨가 정말 좋아요.
- Theo dự báo thời tiết, ngày mai trời sẽ mưa.
  일기 예보에 따르면 내일은 비가 온대요.
- Anh/Chị mang theo ô kẻo mắc mưa nhé. 비 맞지 않도록 우산 챙겨요.
- Anh/Chị hãy cẩn thận khi đi xe máy. 오토바이 탈 때 조심하세요.
- Chúc một ngày tốt lành. 좋은 하루 보내세요.

Bài tập

15-5

1 녹음을 듣고 빈칸을 채워보세요.

1 ....

2 ....

3 ....

4 ....

2 <보기>에서 알맞은 단어를 골라 빈칸에 써보세요.

| 보기 |

kẻo theo chúc hãy nhỉ

1 Hôm nay trời đẹp quá ....

2 .... các bạn có một ngày vui.

3 Tôi phải thức dậy sớm .... đến muộn.

4 .... tôi biết, nó đi du học Mỹ rồi.

5 Chúng ta .... đi ra ngoài.

3 다음 문장을 베트남어로 표현해 보세요.

1 한국에는 4계절이 있습니다.

....

2 베트남에도 겨울이 있나요?

....

3 비를 맞지 않도록 조심하세요.

....

4 하노이의 여름은 정말 습합니다.

....

BÀI 16

취향 나는 쌀국수보다 분짜를 더 좋아해요.

Tôi thích bún chả hơn phở.

Hội thoại

16-1

Thủy: A-Young ơi! Cậu thích món ăn nào nhất trong các món ăn Việt Nam?

A-Young: Mình thích phở bò nhất trong các món ăn Việt Nam.

Thủy: À, thế à? Tớ thích bún chả hơn phở.

A-Young: Biết bún chả chứ! Bún chả cũng ngon như phở. Có những người Hàn Quốc ghét rau thơm. Nhưng mà phần lớn món ăn Việt Nam rất hợp khẩu vị của người Hàn Quốc.

Thủy: Nghe nói là ở Hàn Quốc cũng có nhiều nhà hàng Việt Nam đúng không?

A-Young: Đúng rồi. Nhiều lắm! Càng ngày càng nhiều hơn. Nhưng mà những nhà hàng Việt Nam tại Hàn Quốc không ngon bằng ăn trực tiếp tại Việt Nam.

투이: 아영아! 베트남 음식들 중에서 어떤 음식을 제일 좋아해?

아영: 베트남 음식들 중에서 나는 소고기 쌀국수를 제일 좋아해.

투이: 아, 그래? 나는 쌀국수보다 분짜를 더 좋아해.

아영: 분짜 알지! 분짜도 쌀국수만큼 맛있어. 고수를 싫어하는 한국 사람들도 있어. 그러나 대부분 베트남 음식이 한국인의 입맛에 잘 맞아.

투이: 들어보니 한국에도 베트남 식당이 정말 많다던데 맞아?

아영: 응. 진짜 많아! 날이 갈수록 더 많아지고 있어. 하지만 한국에 있는 베트남 식당이 베트남에서 직접 먹는 것만큼 맛있진 않아.

Từ vựng

nhất 가장, 제일
hơn ~ 보다 더
như ~ 처럼
những ~ 들
ghét 싫어하다, 미워하다
rau thơm 향채 (보통 고수라고 칭함)
phần lớn 대부분
hợp 적합하다
khẩu vị 입맛
bằng 동등한, 같은
trực tiếp 직접
tại ~ 에, ~ 에서

Ngữ pháp

1 비교급 · 동급 · 최상급

비교급	A + 형용사 + hơn + (B) A는 B보다 더 ~ 하다	Anh trai thấp hơn tôi. 형(오빠)은 나보다 더 작습니다. Mùa đông Hàn Quốc lạnh hơn mùa đông Việt Nam. 한국의 겨울은 베트남의 겨울보다 더 춥습니다.
동급	A + 형용사 + bằng + B A는 B만큼 ~ 하다	Anh trai cao bằng tôi. 형(오빠)은 나만큼 큽니다.
	A + 형용사 + như + B A는 B처럼 ~ 하다	Món ăn Hàn Quốc ngon như món ăn Việt Nam. 한국 음식은 베트남 음식처럼 맛있습니다.
	A và B (복수 주어) + 형용사 + như nhu / bằng nhau A와 B는 서로 만큼 ~ 하다	Tiếng Việt và tiếng Hàn khó bằng nhau. 베트남어와 한국어는 똑같이 어렵습니다. Hai người gầy như nhau. 두 사람은 똑같이 말랐습니다.
최상급	A + 형용사 + nhất + (조건/범위) A는 제일, 가장 ~ 하다	Tiếng Việt thú vị nhất / hơn cả. 베트남어가 가장 재밌습니다. Em trai cao nhất (trong) gia đình. 가족 중에서 남동생이 제일 키가 큽니다.
	A + 형용사 + hơn cả / hơn hết + (조건/범위) A는 제일, 가장 ~ 하다	

2 복수 표현 các 과 những

'các'과 'những' 모두 '~ 들'이라는 의미의 복수 표현이지만 쓰임에 차이가 있습니다.
'các'은 '전체', 'những'은 '일부, 부분'을 의미합니다.
단, 사람(người)과 의문사 앞에는 'những'만 사용해야 합니다.

예 Trong các nước trên thế giới, anh đã đi những nước nào?
세계의 국가들 중에, 당신은 어떤 나라를 갔었나요?

Gia đình của chị có những ai?
당신의 가족은 누구 누구인가요?

Những người Hàn Quốc thích đi du lịch Việt Nam.
한국 사람들은 베트남 여행가는 것을 좋아합니다.

3 nghe nói 듣기로는

'nghe(듣다)'와 'nói(말하다)'의 두 단어를 결합해 '말하는 것을 듣다', 즉 누군가에게 들은 것을 옮겨 말할 때 사용하는 표현입니다.
'nghe + (ai) + nói'는 '누가 말하는 것을 듣다'라는 의미의 표현이며, 말하는 주체를 넣어서 사용해도 됩니다.

예 Nghe nói (là) em gái của Chị Loan xinh đẹp lắm.
듣기로는 로안 씨의 여동생이 진짜 예쁘대요.

Nghe chị ấy nói ở đây bún chả ngon lắm.
그녀에게 듣기로는 여기에 분짜가 정말 맛있대요.

4 tại ~에, ~에서

'ở(~ 에 / ~ 에서)'와 같은 의미로 'tại + 장소'와 결합합니다.

예 Tôi làm việc tại công ty nước ngoài. 나는 외국 회사에서 일합니다.

Tại đây có bán đồ uống. 이곳에서 음료를 팝니다.

5 '날이 갈수록 A 하다' 구문

'주어 + càng ngày càng A'는 '주어는 날이 갈수록 A 하다'라는 의미의 표현으로, 앞에서 학습한 〈주어 + càng A càng B(주어는 A 할수록 B 하다)〉 표현에서 조금 응용된 표현입니다. 이때 앞에 위치한 'càng'은 생략이 가능하며 'ngày càng(날이 갈수록)'이라는 의미의 부사 표현으로 사용할 수 있습니다.

예 Học tiếng Việt (càng) ngày càng thấy thú vị.
베트남어를 공부하는 것이 날이 갈수록 흥미롭게 느껴집니다.

Tài nấu ăn của chị ấy ngày càng tốt hơn.
그녀의 요리 실력이 날이 갈수록 더 좋아집니다.

Mắt ngày càng kém.
눈이 날이 갈수록 나빠집니다.

Diễn đạt

16-2

| 맛 |

맛있다	ngon	달다	ngọt
짜다	mặn	맵다	cay
시다	chua	쓰다	đắng
고소하다	bùi	느끼하다	béo ngậy
싱겁다	nhạt	진하다	đậm / đặc

| 베트남 음식 |

소고기 쌀국수	phở bò	닭고기 쌀국수	phở gà
반미 (베트남식 샌드위치)	bánh mì	반쎄오	bánh xèo
분짜	bún chả	반깐	bánh canh
전골 (샤브샤브)	lẩu	해산물 볶음밥	cơm chiên hải sản
찹쌀밥	xôi	갈비 덮밥	cơm sườn
느억맘 (생선소스)	nước mắm	스프링롤 (베트남식 군만두)	nem / chả giò

| 음료 |

물 / 생수	nước / nước suối	차	trà
커피	cà phê	우유	sữa
연유 커피	cà phê sữa	밀크티	trà sữa
스무디	sinh tố	베트남식 빙수	chè
아이스티	trà đá	탄산 음료	nước uống có ga
레몬 주스	nước chanh	오렌지 주스	nước cam
사탕수수 주스	nước mía	코코넛 주스	nước dừa

비교급 · 동급 · 최상급 표현

- Phở bò ngon hơn phở gà. 소고기 쌀국수가 닭고기 쌀국수보다 더 맛있어요.
- Nước dừa ngon bằng nước mía. 코코넛 주스는 사탕수수 주스만큼 맛있어요.
- Cà phê Việt Nam ngon nhất. 베트남 커피가 제일 맛있어요.

Bài nói

16-3

상황 베트남 음식에 대해 이야기를 나누는 상황

A: Cà phê Việt Nam rất nổi tiếng, em đã uống thử chưa?

B: Dĩ nhiên! Cà phê Việt Nam ngon nhất trong các cà phê mà em đã uống.

A: Cà phê Việt Nam vừa đắng vừa ngọt. Vì thế hấp dẫn lắm.

B: Món ăn Việt Nam em cũng thích lắm. Chị thích phở nào nhất?

A: Chị thích phở gà nhất. Còn em thì sao?

B: Em thì thích phở bò. Em thấy phở bò ngon hơn phở gà.

A: 베트남 커피가 정말 유명한데 마셔본 적 있어?

B: 당연하죠! 마셨던 커피 중에 베트남 커피가 제일 맛있었어요.

A: 베트남 커피는 쓰면서도 달콤해. 그래서 정말 매력적이지.

B: 저는 베트남 음식도 정말 좋아해요. 언니 어떤 쌀국수를 제일 좋아해요?

A: 나는 닭고기 쌀국수를 제일 좋아해. 너는 어때?

B: 저는 소고기 쌀국수를 좋아해요. 저는 소고기 쌀국수가 닭고기 쌀국수보다 더 맛있어요.

Luyện tập

16-4

- Tôi thích phở nhất trong các món ăn Việt Nam.
  베트남 음식들 중에서 나는 쌀국수를 제일 좋아해요.
- Tôi thích bún chả hơn phở.
  나는 쌀국수보다 분짜를 더 좋아해요.
- Bún chả cũng ngon như phở.
  분짜도 쌀국수만큼 맛있어요.
- Món ăn Việt Nam rất hợp khẩu vị của người Hàn Quốc.
  베트남 음식이 한국인의 입맛에 잘 맞아요.
- Học tiếng Việt càng ngày càng thấy thú vị.
  베트남어를 공부하는 것이 날이 갈수록 흥미롭게 느껴집니다.
- Nghe nói là ở Hàn Quốc có nhiều nhà hàng Việt Nam.
  들어보니 한국에도 베트남 식당이 정말 많다던데요.

Bài tập

16-5

1 녹음을 듣고 빈칸을 채워보세요.

1 A: Trong gia đình của anh, ______________________?

B: Em trai ______________ trong gia đình.

2 A: Hai người ______________ à?

B: Không, chị ấy nhiều ______________________

________.

3 A: Anh thích ______________________?

B: Tôi thích ______________________________

________.

4 A: ______________________________ hôm qua

chị Linh lấy chồng.

B: Ừ, hôm nay mình cũng ______________________.

2 아래 단어들을 바르게 배열하여 문장을 완성하세요.

1 thích / dễ chịu / tôi / nhất / mùa thu / vì

____

2 hơn / chị ấy / hết / nhảy / giỏi / các bạn / trong

____

3 khách / ngày / du lịch / càng / nhiều / càng / hơn

____

3 다음 문장에서 틀린 부분을 찾아 고쳐 쓰세요.

1 Trong những quốc gia, anh đã đi các nước nào?

2 Vào nghỉ hè này, cậu đã đi các đâu?

3 Mình muốn bún chả cả hơn.

4 Tôi sẽ đi Sa Pa tại mùa đông năm nay.

BÀI 17

교통 일하러 갈 때, 나는 오토바이를 타고 갑니다.

Khi đi làm, tôi đi bằng xe máy.

Hội thoại

17-1

Ha-un: Khi đi làm, chị thường đi bằng gì?

Thu: Chị thường đến công ty bằng xe máy.

Ha-un: Từ nhà chị đến công ty bao xa?

Thu: Không xa đâu! Thông thường thì mất 10 phút. Tuy nhiên nếu tắc đường thì mất lâu hơn. Khi đến trường, em đi bằng gì?

Ha-un: Em thường đi bộ. Nhưng khi trời mưa thì thỉnh thoảng em lên xe buýt.

Thu: Nếu dùng xe buýt thì mất bao lâu?

Ha-un: Từ trạm xe buýt đến trường chỉ mất 10 phút thôi. Nhà em cách trường khoảng 2 cây số.

하은: 일하러 갈 때, 언니 보통 무엇을 타고 가나요?

투: 언니는 보통 오토바이를 타고 회사에 가.

하은: 언니 집에서부터 회사까지 얼마나 멀어요?

투: 전혀 멀지 않아! 보통은 10분 걸려. 그렇지만 만약 길이 막히면 좀 더 오래 걸려. 너는 학교 갈 때 무엇을 타고 가니?

하은: 저는 보통 걸어가요. 그러나 비 올 때는 가끔 버스를 타요.

투: 만약 버스를 이용하면 얼마나 걸리니?

하은: 버스 정류장에서부터 학교까지 10분 걸릴 뿐이에요. 저희 집은 학교에서 약 2km 떨어져 있어요.

Từ vựng

bao xa 얼마나 먼

thông thường 보통, 일반적인

mất (시간이) 걸리다 / 잃어버리다

nếu 만약

tắc 막히다

đường 길 / 설탕

đi bộ 걷다

lên 오르다, 타다

dùng 이용하다

trạm xe buýt 버스 정류장

trường (học) 학교

khoảng 대략, 약

cây số 킬로미터 (km)

Ngữ pháp

1 의문사 bao xa

'bao xa'는 '얼마나 먼'이라는 뜻을 가진 의문사로 거리나 간격을 물을 때 사용합니다.

예 Từ đây đến đó bao xa? 여기에서부터 거기까지 얼마나 멀어요?

Anh phải đi bao xa? 당신은 얼마나 멀리 가야 하나요?

2 강한 부정의 표현

부정의 의미를 좀 더 강조하기 위해서는 기존 부정문에 'đâu'를 붙여서 〈부정어 + 서술어 + đâu〉 형태로 사용할 수 있습니다.

không chưa chẳng	+	서술어	+	đâu

PLUS+

'chẳng'은 '전혀 / 결코 ~ 아니다'라는 뜻으로 강한 부정을 나타내는 표현입니다.

예 Tôi không mua đâu. 안 사요.

Không có thời gian đâu. 시간이 없어요.

Chị chưa ăn đâu nhé. 아직 먹지 마세요.

Em chẳng biết đâu. 저 전혀 몰라요.

또, 부정어가 없더라도 〈có + 서술어 + đâu〉, 〈đã + 서술어 + đâu〉 형태로도 강한 부정을 나타낼 수 있습니다.

예 Con có học đâu. 너 공부한 게 어딨니. → 공부 안 했잖아.

Mình đã biết đâu. 내가 뭘 알았겠니. → 전혀 몰라.

3 mất 의 쓰임

(시간이) 걸리다	Từ đây đến đó mất nửa tiếng. 여기에서부터 거기까지 30분이 걸립니다. Tôi đã mất nhiều thời gian vì việc đó. 그 일 때문에 많은 시간이 걸렸습니다.
잃다	Tôi bị mất ví rồi. 나는 지갑을 잃어버렸습니다. Vì mất điện nên tôi không thể làm gì cả. 정전 때문에 아무것도 할 수가 없었습니다.
사망하다	Khi còn nhỏ nó mất bố mẹ. 어렸을 때 그는 부모를 잃었습니다. Ông ấy mất con vì tai nạn giao thông. 교통사고 때문에 그는 자식을 잃었습니다.
동사 + mất rồi ~ 해버렸다	Tôi quên mất tên của em ấy. 나는 그의 이름을 잊어버렸습니다. Tôi đã ngủ mất vì buồn ngủ. 나는 졸려서 자버렸습니다.

4 cách 의 용법

'cách'은 '~ 로부터 떨어진'이라는 의미로 시간과 거리의 간격을 나타낼 때 쓰는 표현입니다.

예 Khách sạn cách sân bay bao xa? 호텔은 공항에서 얼마나 멀리 있나요?
Tòa nhà đó ở cách xa ba mươi cây số. 그 건물은 30km 멀리 떨어져 있습니다.

'cách'이라는 표현에 'đây'를 붙여서 '지금으로부터, 여기로부터'라는 의미로 사용할 수도 있습니다.

예 Cách đây 3 tuần 지금으로부터 3주 전
Cách đây khoảng 2 cây số 여기로부터 약 2km 떨어진

또한 'cách'은 명사로 '방법'이라는 의미로도 사용합니다.

예 Mình nghĩ đó là cách tốt nhất. 내 생각에는 그것이 제일 좋은 방법인 것 같아요.
Tôi không biết cách sử dụng máy đó. 나는 그 기계 사용법을 모릅니다.

5 chỉ ~ thôi 단지 ~일 뿐이다

'chỉ ~ thôi'는 '단지 ~일 뿐이다'라는 의미로 'chỉ'는 서술어나 강조하려는 단어 앞에서, 'thôi'는 문장의 끝에서 각각 사용할 수 있습니다.

예 Quá khứ chỉ là quá khứ thôi. 과거는 단지 과거일 뿐입니다.
Tôi chỉ đi một lần thôi. 난 한 번만 갔을 뿐이에요.
Tôi ngủ 3 tiếng thôi. 나는 3시간밖에 못 잤어요.

Diễn đạt

17-2

| 교통수단 |

차	xe	오토바이	xe máy
자동차	xe hơi / xe ô tô	버스	xe buýt
자전거	xe đạp	기차	xe lửa / tàu hỏa
택시	tắc xi	비행기	máy bay
배	tàu / thuyền	지하철	tàu điện ngầm
씨클로	xích lô	쎄옴 (오토바이 택시)	xe ôm

| 교통 관련 표현 |

차를 타다	đi xe / lên xe	차에서 내리다	xuống xe
운전하다	lái xe	주차하다	đậu xe / đỗ xe
직진하다	đi thẳng	정차하다	dừng xe
우회전하다	rẽ phải / quẹo phải	좌회전하다	rẽ trái / quẹo trái
서행하다	chạy chậm	유턴하다	quay đầu
길을 건너다	qua đường / sang đường	길을 잃다	lạc đường / nhầm đường
러시아워	giờ cao điểm	운전면허증	bằng lái xe
헬멧	mũ bảo hiểm	차멀미	say xe

1 교통수단을 물어보는 표현

- Anh/Chị đi bằng gì? 무엇을 타고 가나요?
- Anh/Chị đến công ty / đi làm bằng gì? 무엇을 타고 회사에 가나요?
- Anh/Chị đến trường / đi học bằng gì? 무엇을 타고 학교에 가나요?

2 거리 · 시간을 물어보는 표현

- Từ đây đến đó bao xa? 여기에서부터 거기까지 얼마나 멀어요?
- Từ đây đến đó mất bao lâu? 여기에서부터 거기까지 시간이 얼마나 걸리나요?
- Từ đây đến đó mất bao nhiêu phút? 여기에서부터 거기까지 몇 분이 걸리나요?
- Còn bao nhiêu cây số? 거리가 얼마나 남았나요?

Bài nói

17-3

상황 택시 안에서 거리 및 시간에 대해 물어 보는 상황

A: Chào chú. Cho tôi đến hồ Hoàn Kiếm.

B: Chào chị. Hồ Hoàn Kiếm hả chị?

A: Đúng rồi. Từ đây đến đó mất bao lâu?

B: Thông thường thì mất khoảng 20 phút. Nhưng mà đường sẽ rất tắc từ sau 4 giờ. Vì thế sẽ mất nhiều thời gian.

A: À, bây giờ là giờ cao điểm à! Thế thì còn bao nhiêu cây số?

B: Còn khoảng 7 cây số.

A: 안녕하세요 아저씨. 호안끼엠 호수로 가주세요.

B: 안녕하세요. 호안끼엠 호수요?

A: 맞아요. 여기에서부터 거기까지 시간이 얼마나 걸리나요?

B: 보통은 약 20분 정도 걸려요. 그러나 4시 이후부터 길이 막힐 거예요. 그래서 시간이 많이 걸릴 겁니다.

A: 아, 지금이 러시아워군요! 그러면 거리는 얼마나 남았나요?

B: 약 7km 남았어요.

Luyện tập

17-4

- Khi đi làm, anh/chị thường đi bằng gì? 일하러 갈 때 당신은 보통 무엇을 타고 가나요?
- Tôi thường đến công ty bằng xe máy. 나는 보통 오토바이를 타고 회사에 가요.
- Từ nhà đến công ty mất khoảng bao lâu?
  집에서부터 회사까지 대략 얼마나 걸리나요?
- Từ đây đến đó chỉ mất 10 phút thôi. 여기에서부터 거기까지는 10분이 걸릴 뿐이에요.
- Khách sạn cách sân bay bao xa? 호텔은 공항에서 얼마나 멀리 있나요?
- Khách sạn cách đây khoảng mười cây số. 호텔은 여기에서 약 10km 떨어져 있어요.

Bài tập

17-5

1 녹음을 듣고 빈칸을 채워보세요.

1 ....

2 ....

3 ....

4 ....

2 <보기>에서 알맞은 단어를 골라 빈칸에 써보세요.

| 보기 |

cách thôi mất bằng khi

1 Tôi học tiếng Việt 1 tháng ....

2 Tối quá! .... điện rồi.

3 Cậu gọi điện cho tớ .... có việc gấp.

4 Không có .... nào cả.

5 Tôi thường đến trường .... xe buýt.

3 다음 문장을 베트남어로 표현해 보세요.

1 여기에서부터 공항까지 얼마나 걸리나요?

....

2 한국에서 호치민까지는 약 4시간 반이 걸립니다.

....

3 커피숍은 식당에서 약 1km 떨어져 있습니다.

....

4 나는 집에만 있었습니다.

....

BÀI 18

질병·증상 당신 너무 피곤해 보여요.

Trông anh có vẻ mệt lắm.

Hội thoại

18-1

Từ vựng

làm sao 어째서, 어찌하여
thực ra 사실은
buồn nôn 구역질이 나다
chóng mặt 어지러운
đau 아프다
đầu 머리
bị cảm 감기에 걸리다
nặng 심한 / 무거운
toàn thân 전신, 온몸
mệt mỏi 피곤한
thuốc 약
khỏi 회복하다
ốm 아프다 / 마른
'ốm'의 '마른'이라는 의미는 남부(호치민)에서만 사용되며, 북부(하노이)에서는 '마른'의 의미로 'gầy'를 사용합니다.
nhanh 빠른
lưu ý đến ~ ~ 에 유의하다
chăm sóc 돌보다
sức khỏe 건강
đồng ý 동의하다
nghỉ 쉬다

Mai: Anh ơi. Anh bị làm sao vậy? Trông anh có vẻ không khỏe lắm.

Thắng: Thực ra, từ tối qua anh không thể ăn gì cả. Anh liên tục buồn nôn, chóng mặt và đau đầu quá.

Mai: Hình như là anh bị cảm nặng và toàn thân mệt mỏi rồi. Anh uống thuốc chưa?

Thắng: Anh uống rồi mà vẫn không khỏi ốm. Vì vậy chiều nay anh sẽ đi bệnh viện.

Mai: Chúc anh nhanh khỏi ốm. Và anh đừng làm việc vất vả nhé!

Thắng: Cảm ơn em. Em cũng phải lưu ý đến việc chăm sóc sức khỏe vì sức khỏe là số một.

Mai: Em cũng đồng ý với anh. Hôm nay anh hãy nghỉ nhiều nhé!

마이: 오빠. 무슨 일이 있어요? 너무 안 좋아 보여요.

탕: 사실은, 어제 저녁부터 어떤 것도 먹을 수가 없었어. 계속 구토하고 어지럽고 머리가 너무 아파.

마이: 오빠 독감이랑 몸살인 거 같아요. 약은 먹었어요?

탕: 이미 먹었지만 낫지를 않아. 그래서 오늘 오후에 병원에 갈 거야.

마이: 오빠 빨리 회복하길 바랄게요. 그리고 힘들게 일하지 말고요!

탕: 고마워. 건강이 제일이니깐 너도 건강관리에 유의해야 해.

마이: 오빠 말에 저도 동의해요. 오빠 오늘은 푹 쉬세요!

Ngữ pháp

1 수동태 bị 와 được

bị	được
주어의 입장에서 해가 되는 부정적 의미 (~ 되다, ~ 당하다)	주어의 입장에서 이익이 되는 긍정적 의미 (~ 되다, ~ 얻다)
주어 + bị + 동사 주어는 동사하게 되다, 당하다 예 Tôi bị mắng. 나는 야단을 맞았다.	주어 + được + 동사 주어는 동사하게 되다, 얻다 예 Tôi được khen. 나는 칭찬을 받았다.
주어 + bị + 명사 + 동사 주어는 명사에 의해서 동사하게 되다, 당하다 예 Tôi bị bố mẹ mắng. 나는 부모님에게 야단을 맞았다.	주어 + được + 명사 + 동사 주어는 명사에 의해서 동사하게 되다, 얻다 예 Tôi được các giáo viên khen. 나는 선생님들에게 칭찬을 받았다.

그럼 능동태 문장과 수동태 문장을 비교해 보겠습니다.

예 능동태: Người Hàn Quốc / yêu thích / món phở.
한국인은 좋아합니다 쌀국수를

수동태: Món phở / được / người Hàn Quốc yêu thích.
쌀국수는 (~ 얻다) 한국인이 좋아합니다.

능동태: Con chó to / cắn / anh ấy.
큰 개가 물었습니다 그를

수동태: Anh ấy / bị / con chó to cắn.
그는 (~ 당하다) 큰 개가 물었습니다.

2 질병 · 증상 관련 표현

아파요	bị đau + 신체부위 / bị ốm / bị bệnh
머리가 아파요	bị đau đầu
머리가 쑤셔요	bị nhức đầu
배가 아파요	bị đau bụng
이가 아파요	bị đau răng

열이 나요	bị sốt
감기에 걸렸어요	bị cảm
기침이 나요	bị ho
재채기를 해요	bị hắt hơi / bị hắt xì
콧물이 나요	bị sổ mũi
딸꾹질이 나요	bị nấc cục
설사를 해요	bị tiêu chảy
변비에 걸렸어요	bị táo bón

3 trông ~처럼 보이다

'trông'은 '~ 처럼 보이다'라는 의미로 'trông + 주어 + có vẻ + 형용사/동사'는 '주어가 ~ 해 보이다'라는 의미의 표현입니다. 이때 주어가 문장의 제일 앞에 위치할 수 있으며, 'có vẻ'는 생략 또한 가능합니다.

예 Trông hai người có vẻ hạnh phúc quá. 두 사람은 정말 행복해 보입니다.
Trông có vẻ chị ấy mệt. 그녀는 피곤해 보입니다.
Trông anh rất tuyệt vời. 오빠(형) 정말 멋져 보여요.

4 부정 명령형

'đừng'은 '~ 하지마(세요)'의 부정 명령형의 표현입니다. 'đừng + 동사'의 형태로 사용되며 비슷한 표현으로는 'cấm(금지하다)', 'không nên(~ 하지 않는 게 좋다)'와 같은 표현이 있습니다.

예 Đừng lo. 걱정하지 마세요.
Em đừng bỏ cuộc đi. 포기하지 마.
Cấm đậu xe. 주차 금지.
Anh không nên hút thuốc ở đây. 이곳에서 담배를 피워서는 안됩니다.

5 추측 · 예측에 관한 표현

'hình như (là) ~'는 '마치 ~ 인 거 같다, ~ 로 여겨진다'라는 의미로 문장의 앞이나 서술어 앞에 위치하여 추측, 예측하는 표현으로 쓰입니다. 이와 비슷한 표현으로 '아마도'라는 의미의 'có lẽ (là) ~ '도 있습니다.

예 Hình như họ không đến đây. 아마 그들은 여기에 안 올 겁니다.
Anh ấy hình như khoảng 35 tuổi. 그는 35살쯤 되어 보입니다.
Có lẽ là bố mẹ sẽ không đồng ý. 아마 부모님은 동의하지 않을 겁니다.

6 ~ là số một ~ (이)가 제일이다

'~ là số một'는 '~ (이)가 제일이다, ~ 최고다'라는 의미로 직역하면 '1번이다'라는 의미처럼 쉬우면서도 자주 쓰이는 표현입니다.

예 Anh là số một. 당신이 최고입니다.
Kỹ thuật của công ty chúng tôi là số một. 우리 회사의 기술이 제일입니다.

Diễn đạt

18-2

| 신체부위 |

얼굴	mặt / khuôn mặt	머리카락	tóc
머리	đầu	배	bụng
치아	răng	눈	mắt
코	mũi	귀	tai
입	miệng	입술	môi
목	cổ	목구멍	họng
이마	trán	턱	cằm
손	tay	발	bàn chân
팔	cánh tay	다리	chân
어깨	vai	허리	eo
가슴	ngực	등	lưng
겨드랑이	nách	뺨	má
엉덩이	mông	팔꿈치	khuỷu tay / cùi chỏ
허벅지	đùi	무릎	đầu gối

• 증상을 물어보는 표현

- Anh/Chị bị làm sao vậy/thế? 무슨 일이 있어요? (걱정스러운 상황에서 사용)
- Anh/Chị bị sao? 왜 그래요? (걱정스러운 상황에서 사용)
- Anh/Chị bị ốm hả? 아픈가요?
- Anh/Chị bị đau ở đâu? 어디가 아프세요?
- Anh/Chị thấy trong người thế nào? 몸이 어때요?
- Anh/Chị đã khỏe chưa? 좀 괜찮아졌어요?

Bài nói

18-3

상황 아는 동생에게 어디가 아픈지 물어보는 상황

A: Hôm nay trông em có vẻ hơi mệt. Em bị đau ở đâu?

B: Em bị đau họng và ho nhiều.

A: Em bị đau từ bao giờ?

B: Từ hôm qua. Em đã không ngủ được từ đêm hôm qua.

A: Bây giờ em đi khám bệnh ngay đi. Sau khi đi bệnh viện về, em nghỉ nhiều ở nhà nhé.

B: Vâng. Cảm ơn chị nha.

A: 오늘 너 약간 피곤해 보여. 너 어디 아프니?
B: 저 목이 아프고 기침이 많이 나요.
A: 언제부터 아팠어?
B: 어제부터요. 어젯밤부터 잘 수가 없었어요.
A: 지금 바로 진찰 받으러 가. 병원 다녀오고 나서 집에서 푹 쉬어.
B: 예. 고마워요 언니.

Luyện tập

18-4

- Anh/Chị bị làm sao vậy? 무슨 일이 있어요?
- Trông anh/chị có vẻ mệt lắm. 너무 피곤해 보이네요.
- Hình như là anh/chị bị cảm nặng. 당신은 심한 감기에 걸린 거 같아요.
- Chúc anh/chị nhanh khỏi ốm. 빨리 회복하기를 바랍니다.
- Anh/Chị phải lưu ý đến việc chăm sóc sức khỏe. 당신은 건강관리에 유의해야 합니다.
- Anh/Chị đừng làm việc vất vả nhé. 힘들게 일하지 마세요.

Bài tập

18-5

1 녹음을 듣고 빈칸을 채워보세요.

A: Em ______________ vậy?

B: Em ______________, và ______________.

A: ______________ em bị đau?

B: Em bị ______________.

A: Em bị ______________ rồi.

Em nên ______________, và ______________ ở nhà.

Một tuần sau cũng ______________, em ______________ đi.

B: Dạ, em cảm ơn bác sĩ ạ.

2 다음 문장들을 <보기>와 같이 수동태 문장으로 바꾸세요.

| 보기 |

Cô A-Young đã khen tôi. → Tôi đã được cô A-Yong khen.

1 Người Hàn Quốc xây dựng tòa nhà này.

→ ______________

2 Tối hôm qua bố đã mắng tôi.

→ ______________

3 Cảnh sát bắt tên trộm ở trên đường.

→ ______________

4 Các học sinh nữ mặc áo dài.

→ ______________

3 다음 문장에서 틀린 부분을 찾아 고쳐 쓰세요.

1 Tôi ăn thuốc rồi mà vẫn chưa khỏi ốm.

2 Hình như là ông ấy được bệnh nặng.

3 Đừng các anh chị ngồi đây.

4 Trà truyền thống của Hàn Quốc rất tốt cho khỏe.

BÀI 19

예약 바로 체크아웃 할게요.

Tôi sẽ trả phòng ngay.

Từ vựng

nhận phòng 체크인하다
lễ tân 프런트
giúp 돕다
thuê 임대하다
phòng đơn 1인실, 싱글룸
hộ chiếu 여권
đêm 밤
tầm nhìn (= view) 전망
chìa khóa 열쇠
thang máy 엘리베이터
trả phòng 체크아웃하다
thanh toán 결제하다
thẻ 카드
tín dụng 신용
cảnh 경치, 풍경
phục vụ 서비스
bữa sáng 아침 식사
khách sạn 호텔

Hội thoại

19-1

(Nhận phòng)

Lễ tân: Chào chị. Tôi có thể giúp gì cho chị ạ?
A-Young: Chào cô. Làm ơn cho tôi thuê một phòng đơn.
Lễ tân: Dạ, cho tôi xem hộ chiếu của chị. Chị muốn ở mấy đêm?
A-Young: Hộ chiếu đây. Tôi muốn ở 4 đêm. À, cho tôi phòng có tầm nhìn (view) đẹp.
Lễ tân: Dạ, vâng. Chìa khóa phòng số 503 đây và thang máy ở kia.

(체크인)

프런트 직원: 안녕하세요. 무엇을 도와드릴까요?
아영: 안녕하세요. 싱글룸 하나 빌리고 싶습니다.
프런트 직원: 예, 여권 좀 보여주세요. 당신은 며칠 묵으실 건가요?
아영: 여기 여권이요. 저는 4일간 묵을 겁니다. 아, 전망 좋은 방으로 주세요.
프런트 직원: 예. 503호 방 열쇠 여기 있구요 엘리베이터는 저쪽에 있습니다.

(Trả phòng)

A-Young: Tôi sẽ trả phòng ngay. Bao nhiêu tiền ạ?
Lễ tân: Mỗi ngày là 750 nghìn đồng, chị ở 4 đêm nên tất cả là 3 triệu đồng.
A-Young: Tôi sẽ thanh toán bằng thẻ tín dụng. Cảnh đêm tuyệt vời quá và phục vụ bữa sáng cũng ngon và tốt.
Lễ tân: Cám ơn chị. Lần sau chị lại đến khách sạn của chúng tôi nhé.

(체크아웃)

아영: 지금 바로 체크아웃 할게요. 얼마인가요?
프런트 직원: 하루에 75만동이고, 4박하셔서 총 3백만동입니다.
아영: 신용카드로 결제할게요. 야경도 정말 멋지고 조식 서비스도 맛있고 좋았어요.
프런트 직원: 감사합니다. 다음에 우리 호텔을 또 방문해주세요.

Ngữ pháp

1 '빌리다' 동사의 여러 가지 표현

베트남어에는 다음과 같은 3가지 종류의 '빌리다' 동사가 있습니다.

mượn	대가 없이 빌릴 때
thuê	대가를 지불하고 임대할 때
vay	대가를 지불하고 돈을 빌릴 때

예 Cậu có bút không? Cho tớ mượn nhé! 너 펜 있어? 나 좀 빌려줘!
Tôi đã thuê nhà ở gần trường. 나는 학교 근처에 집을 얻었습니다.
Anh ấy đã vay tiền ngân hàng vì phải mua nhà mới.
그는 새 집을 사야해서 은행 돈을 빌렸습니다.

2 làm ơn 부탁하는 표현

'làm ơn'은 '~ 해 주세요'라는 의미로 상대방에게 정중하고 예의있게 부탁할 때 쓰는 표현입니다. 'làm ơn + 동사' 형태나 'cho + 명사 (사람) + 동사(명사로 하여금 동사하게 하다)'와도 함께 사용할 수 있습니다.

예 Xin làm ơn giữ trật tự. 질서를 지켜주세요.
Làm ơn gọi báo thức cho em. 모닝콜 해주세요.
Làm ơn cho tôi biết số điện thoại của chị Loan.
로안 씨의 전화번호를 알려주세요.

3 mỗi + 명사 와 mỗi khi + 동사

'mỗi + 명사'는 '매, 각각의 명사'라는 의미이며, 'mỗi khi + 동사'는 '~ 할 때마다'라는 의미의 표현입니다.

예 Mỗi buổi tối, tôi và anh ấy hẹn hò. 저녁마다, 나와 그는 데이트를 합니다.
Tôi đi kiểm tra sức khỏe mỗi năm. 매년 나는 건강검진을 받으러 갑니다.
Mỗi khi đến sân bay tôi cảm thấy bồi hồi. 공항에 갈 때마다 나는 설렘을 느낍니다.

4 ngay 바로 · 즉시

'ngay'는 '바로, 즉시, 당장'이라는 의미로 '동사 / 동사구 + ngay'와 같이 표현할 수 있습니다. 또 'ngay + 위치 / 시간 명사'와 결합하여 사용할 수도 있습니다.

예 Tôi sẽ đặt vé máy bay ngay. 바로 비행기표를 예약하겠습니다.
Em phải đi về nhà ngay. 저는 바로 집에 가야합니다.
Xe lửa khởi hành ngay bây giờ. 기차가 지금 바로 출발합니다.
Anh ấy đứng ngay trước mặt tôi. 그가 바로 내 앞에 서있습니다.

5 lại + 동사 & 동사 + lại

'lại'는 '다시, 또'라는 의미로 동사 앞 혹은 뒤에 위치할 수 있습니다.

동사 + lại	lại + 동사
'다시 ~ 한다'라는 뜻으로 반복의 의미	'또 ~ 한다'라는 뜻으로 같은 행동의 반복을 강조하는 의미
Cô nói lại được không? 다시 말해줄 수 있나요? Tôi sẽ xem lại phim này. 나는 이 영화를 다시 볼 거예요.	Hôm qua em mặc áo này mà hôm nay lại mặc à? 어제 이 옷을 입었는데 오늘 또 입을 거야? Nó ăn cơm rồi lại ăn cái bánh kia. 그 애는 밥먹고 나서 또 저 빵을 먹어요.

Diễn đạt

19-2

| 호텔 |

체크인	nhận phòng
체크아웃	trả phòng
1인실	phòng đơn
2인실	phòng đôi
싱글 침대	giường đơn
더블 침대	giường đôi
5성급 호텔	khách sạn 5 (năm) sao
무료 조식	ăn sáng miễn phí
방 번호	số phòng
1층 로비	sảnh tầng một
프런트	lễ tân / tiếp tân
편의시설	tiện nghi
주차장	bãi đậu xe / bãi đỗ xe
엘리베이터	thang máy
와이파이 비밀번호	mật khẩu wifi
방 청소	dọn vệ sinh
룸서비스	dịch vụ phòng
세탁	giặt là
짐	hành lý
모닝콜	gọi báo thức / đặt báo thức
귀중품	đồ quý giá
수건	khăn (tắm)
비누	xà phòng / xà bông
칫솔	bàn chải (đánh răng)
치약	kem đánh răng

| 집 |

아파트	chung cư
한 가구(아파트 내)	căn hộ
별장	biệt thự
침실	phòng ngủ
거실	phòng khách
욕실	phòng tắm
화장실	nhà vệ sinh / phòng vệ sinh
부엌	(nhà) bếp
베란다	ban công
창고	kho
다락방	gác lửng
지하실	tầng hầm
현관, 복도	hành lang
정원, 가든	vườn
가구	đồ nội thất
문	cửa
초인종, 벨	chuông (cửa)

• 숙소 예약 상황과 관련된 표현

- Anh/Chị đã đặt trước chưa? 예약하셨나요?
- Anh/Chị muốn thuê phòng loại nào? 어떤 종류의 방을 빌리길 원하세요?
- Làm ơn cho tôi thuê một phòng đơn. 1인실 하나 빌리고 싶습니다.
- Bao nhiêu tiền một đêm? 1박에 얼마인가요?
- Tiền phòng có bao gồm bữa sáng không? 객실 요금에 조식 포함인가요?
- Trả phòng là mấy giờ? 체크아웃은 몇 시인가요?
- Tôi muốn hủy đặt phòng. 방 예약을 취소하고 싶어요.

Bài nói

19-3

(상황) 숙박업소에서 묵을 방을 정하려는 상황

A: Chào anh. Anh cần gì ạ?

B: Chào cô. Làm ơn cho tôi thuê một phòng.

A: Dạ, anh đã đặt trước chưa?

B: Tôi chưa đặt trước.

A: Anh muốn thuê phòng loại nào?

B: Tôi muốn thuê phòng đơn.

A: Thật xin lỗi nhưng mà hết phòng đơn rồi ạ. Phòng đôi có. Được không ạ?

B: Cũng được.

A: 안녕하세요. 무엇이 필요하신가요?

B: 안녕하세요. 방을 하나 빌리고 싶습니다.

A: 예, 예약하셨나요?

B: 예약하지 않았어요.

A: 어떤 종류의 방을 빌리길 원하세요?

B: 1인실을 빌리고 싶어요.

A: 정말 죄송한데 1인실이 다 찼습니다. 2인실은 있어요. 가능하실까요?

B: 그것도 괜찮아요.

Luyện tập

19-4

- Tôi có thể giúp gì cho anh/chị ạ? 무엇을 도와드릴까요?
- Làm ơn cho tôi thuê một phòng đơn. 1인실 하나 빌리고 싶습니다.
- Cho tôi phòng có tầm nhìn đẹp. 전망 좋은 방으로 주세요.
- Anh/Chị muốn ở mấy đêm? 당신은 며칠 묵으실 건가요?
- Tôi sẽ trả phòng ngay. 바로 체크아웃 할게요.
- Tôi sẽ thanh toán bằng thẻ tín dụng. 신용카드로 결제할게요.

Bài tập

19-5

1 녹음을 듣고 빈칸을 채워보세요.

1 A: Anh muốn ở ____________?

B: Tôi sẽ ở ________________.

2 A: Tôi phải trả phòng ________________?

B: Chị trả phòng ______________________.

3 A: Anh muốn thuê ____________ hay ____________?

B: Tôi sẽ thuê ________________.

4 A: Cô sẽ trả tiền ____________?

B: Tôi sẽ thanh toán ______________________.

2 아래 단어들을 바르게 배열하여 문장을 완성하세요.

1 cho / thuê / một / làm ơn / tắc-xi / chiếc / tôi

____

2 cảnh / ngon / đẹp / sáng / và / bữa / cũng

____

3 hẹp / mát / phòng / nhưng / sáng / và / dù

____

3 다음 문장을 베트남어로 표현해 보세요.

1 베트남에 갈 때마다 나는 그 호텔에 갑니다.

2 방 예약을 당장 취소하고 싶습니다.

3 방 열쇠를 잃어버렸습니다.

4 여권 좀 보여주세요.

BÀI 20

축하·초대 생일 축하합니다.

Chúc mừng sinh nhật.

Hội thoại

20-1

Thảo: Minh ơi! Cậu có biết khi nào là sinh nhật của chị Trang không? Chắc là tháng này nhưng không biết chính xác.

Minh: Sinh nhật của chị Trang là hôm nay mà. Tớ chưa chuẩn bị quà.

Thảo: Thế thì chúng ta đi mua bánh ga-tô sô cô la mà chị ấy thích nhất đi.

Minh: Ừ, đi đi! Trước tiên, chúng ta mua bánh sinh nhật rồi gọi điện cho chị ấy.

Thảo và Minh: Tuy muộn nhưng chúc mừng sinh nhật của chị. Chúng em chuẩn bị hoa và bánh cho chị.

Trang: Cám ơn các em nhiều. Chị cảm động và sung sướng quá! Nhân tiện đến đây chị sẽ mời các em ăn tối. Nào! Vào nhà chị chúng ta cùng ăn tối nhé!

타오: 민아! 너 짱 언니의 생일이 언제인지 알아? 분명 이번 달인데 정확히 모르겠어.

민: 짱 누나의 생일은 오늘이잖아. 나는 아직 선물을 준비하지는 못 했어.

타오: 그러면 우리 같이 언니가 제일 좋아하는 초콜릿 케이크 사러 가자.

민: 응, 가자! 일단, 우리는 생일 케이크를 사고 나서 누나에게 전화하자.

타오&민: 비록 늦었지만 생일 축하해요. 저희가 케이크와 꽃을 준비했어요.

짱: 정말 고마워 얘들아. 정말 기쁘고 감동이야!
여기 온 김에 너희를 저녁 식사에 초대할게. 자! 집에 들어와서 우리 같이 저녁 먹자!

Từ vựng

sinh nhật 생일

chắc (là) 아마

chính xác 정확한

chuẩn bị 준비하다

quà 선물

bánh ga-tô 케이크

sô cô la 초콜릿

trước tiên 우선, 일단

tuy A nhưng B
비록 A 일지라도 B 하다

muộn 늦은

chúc mừng 축하하다

hoa 꽃

cảm động 감동하다

sung sướng
기쁜, 행복한

mời 초대하다

nào
자! (화제 전환, 주의 환기)

Ngữ pháp

1 1 + 1 의문문

'의문사만' 있어도 자동으로 의문문이 완성되지만, 의문사가 있는 문장에 또 하나의 의문문 형태를 더해 다른 의미의 의문문을 만들 수 있습니다.

Cậu có biết (khi nào là sinh nhật của chị Trang) không?

① 'có ~ không?' 형태의 의문문 안에 ② 'khi nào ~' 의문사를 포함한 의문문 형태가 같이 등장합니다. 이 문장은 구체적인 의문사에 대한 물음이 아니라, 동사에 대한 질문으로 '아는지 혹은 모르는지'를 묻는 내용입니다.

✓ 두 문장을 비교해 봅시다.

① Khi nào là sinh nhật của chị Trang?
짱 언니(누나)의 생일이 언제입니까? (구체적인 날짜를 물어보는 질문)

② Cậu có biết khi nào là sinh nhật của chị Trang không?
짱 언니(누나)의 생일이 언제인지 알고 있습니까? (아는지 혹은 모르는지 궁금해서 물어보는 질문)

예 Anh biết đây là ai không? 당신은 이분이 누구인지 압니까?
Em có cách nào không? 너는 어떤 방법이 있는 거니?
Con đã ăn gì chưa? 너 뭐 좀 먹었어?
Chị đã thấy quyển sách của em ở đâu chưa?
당신은 제 책이 어디에 있는지 봤어요?

2 관계대명사 mà

앞서 학습했던 'mà'의 쓰임 외에도, 'mà'는 앞에 있는 단어나 내용을 설명해주는 관계대명사로서의 역할도 합니다. 이때 'mà' 뒤에는 '동사절: 주어 + 동사' 형태가 와야합니다.

예 Đây là món ăn mà tôi muốn ăn. 이건 내가 먹고 싶어하던 음식이에요.
Diễn viên mà bạn thích nhất là ai? 당신이 가장 좋아하는 배우는 누구입니까?
Nó đến chỗ mà tôi đã làm việc. 그는 내가 일했던 곳에 왔습니다.

3 trước tiên 일단, 먼저

'trước tiên'은 부사로 '일단, 먼저, 어떤 일에 앞서서 우선 ~ 하다'라는 의미로, 'trước hết' 역시 같은 의미를 가집니다.

예 Trước tiên chúng ta hãy ăn cơm đi. 일단 우리 밥 먹으러 갑시다.

Tiền cũng quan trọng nhưng trước hết phải khỏe mạnh.
돈도 중요하지만 우선은 건강해야 합니다.

4 nhân tiện ~하는 김에

'nhân tiện'은 부사로 '~ 하는 김에'라는 의미로, 앞선 행동에 이어 다른 행동도 함께 하는 것을 나타낼 때 사용하는 표현입니다.

예 Nhân tiện đến trung tâm thành phố chúng ta chơi nhé.
시내에 온 김에 우리 놀아요.

Tôi sẽ phải mua cái áo mới nhân tiện thay đổi tâm trạng.
기분 전환도 할 겸 나는 새 옷을 사야겠어요.

Nhân tiện chị đến chơi, tôi muốn nói chuyện về việc đó.
당신이 놀러온 김에 나는 그 일에 대해서 이야기를 하고 싶어요.

5 권유 · 제안의 표현 mời

'mời'는 '초대하다, 대접하다'라는 의미의 동사지만, 'mời + (대상) + 동사'의 형태가 되면 '~ 하세요'라는 상대방에게 제안하는 표현이 됩니다. 동사 없이 단독으로 사용할 수도 있습니다.

예 Xin mời. 하세요.

Mời chị ngồi. 앉으세요.

Mời em ăn xoài. 망고 먹으렴.

만약 '주어 + mời + (대상) + 동사'의 형태와 같이 주어가 있으면 '주어는 대상이 동사하게 제안 · 초대하다'라는 의미로 해석하면 됩니다.

예 Tôi muốn mời các bạn đến nhà tôi. 나는 여러분을 우리집에 초대하고 싶습니다.

Anh ấy mời tôi ở lại ăn cơm. 그는 나에게 식사를 하기 위해 남으라고 제안했습니다.

6 cùng + 동사 / 동사 + cùng

'cùng'은 '함께, 같이'라는 의미로 'cùng + 동사 / 동사 + cùng'의 형태로 '같이 ~ 하다, 함께 ~ 하다'의 표현이 됩니다.

예 Tất cả chúng ta cùng đi nhé. 우리 모두 함께 가요.
Tôi không thể sống cùng với anh ấy. 나는 그와 함께 살 수 없습니다.

또한 'cùng + 명사'의 형태로 어떤 사물이나 행동이 똑같거나 유사할 때 '같은'의 의미로 사용할 수도 있습니다.

예 Anh ấy cùng tuổi với tôi. 그는 나와 동갑입니다.
Tôi cũng dùng cùng loại. 나도 같은 종류로 하겠습니다.

Diễn đạt

20-2

1 축하 인사 표현

- Chúc mừng năm mới. 새해를 축하해요. (= 새해 복 많이 받으세요.)
- Chúc mừng tốt nghiệp. 졸업을 축하해요.
- Chúc mừng đám cưới. 결혼을 축하해요.
- Chúc mừng khai trương. 개업을 축하해요.

2 감사 인사 표현

- Cảm ơn vì đã chúc mừng. 축하해줘서 감사해요.
- Cảm ơn vì anh đã quan tâm. 마음 써줘서 감사해요.
- Cảm ơn vì đã mời tôi. 나를 초대해줘서 감사해요.
- Cảm ơn đã đến đây. 와줘서 감사해요.
- Thật sự rất cảm ơn. 정말 감사해요.
  = Thật sự rất biết ơn.

3 사과 인사 표현

- Xin lỗi (nha). 미안해요.
  = Tôi có lỗi.
- Thật là có lỗi. 정말 미안해요.
- Tôi thấy có lỗi quá. 정말 미안하게 생각해요.
- Tôi đã phạm sai lầm. 실수했네요.
- Vẫn cảm thấy có lỗi. 여전히 미안하게 생각해요.

Bài nói

20-3

(상황) 결혼식에서 축하 인사를 건네는 상황

A: Hôm nay chị xinh đẹp quá! Chúc mừng đám cưới nhé. Bây giờ tâm trạng chị thế nào?

B: Cảm ơn đã đến đây nhé. Hôm nay chị vừa hạnh phúc vừa run lắm.

A: Chị và anh rất hợp nhau. Chúc chị sống hạnh phúc.

B: Thật sự rất cảm ơn. Chúng ta cùng chụp ảnh đi.

A: 오늘 언니 정말 예뻐요! 결혼 축하해요. 언니 지금 기분이 어때요?
B: 여기 와줘서 정말 고마워. 오늘은 행복하기도 하고 정말 떨리기도 해.
A: 두 분이 정말 잘 어울려요. 언니 행복하게 살아요.
B: 정말 고마워. 우리 같이 사진 찍자.

Luyện tập

20-4

- Chúc mừng sinh nhật. 생일 축하합니다.
- Tôi sẽ mời các bạn ăn tối. 여러분을 저녁 식사에 초대할게요.
- Anh/Chị có biết khi nào là sinh nhật của bạn ấy không?
  당신은 그 친구의 생일이 언제인지 아나요?
- Chúng em chuẩn bị hoa và bánh ga-tô cho anh/chị.
  저희는 케이크와 꽃을 준비했어요.
- Trước tiên chúng ta hãy ăn cơm đi. 일단 우리 밥 먹으러 갑시다.
- Nhân tiện đến trung tâm thành phố chúng ta chơi nhé.
  시내에 온 김에 우리 놀아요.

Bài tập

20-5

1 녹음을 듣고 빈칸을 채워보세요.

Hôm nay là sinh nhật mẹ ______________. Tôi đã chuẩn bị ______________ cho mẹ. Tôi ______________ là không có người nào yêu thương tôi ________. Đến bây giờ mẹ ______________ vì tôi. Vì thế tôi ________ có lỗi và biết ơn. "Mẹ ơi! Thành thật ______________ và thực sự yêu mẹ."

2 다음 문장을 베트남어로 표현해 보세요.

1 졸업을 축하합니다.

____

2 이것은 내가 가장 좋아하는 음식입니다.

____

3 일단 밥 먼저 먹고 나서 이야기하자.

____

4 시내에 온 김에 우리 쇼핑해요.

____

③ 다음 문장에서 틀린 부분을 찾아 고쳐 쓰세요.

1 Ở đây có bán loại cùng không?

2 Chúng tôi đi mua hoa và bánh ga-tô đi.

3 Tuy em không chuẩn bị quà sinh nhật nên chúc mừng nhiều.

4 Chủ nhật tuần này tôi muốn mời ăn trưa các bạn.

Phụ lục

해답 Đáp án

BÀI 01

1

1 Chào em.
2 Chào cháu.
3 Cậu có khỏe không?
4 Chị khỏe. Còn em?

2

1 •의문문: Chị ấy (có) khỏe không?
  •부정문: Chị ấy không khỏe.
2 •의문문: Phim đó (có) hay không?
  •부정문: Phim đó không hay.
3 •의문문: Anh Hùng (có) mệt không?
  •부정문: Anh Hùng không mệt.

3

(c)→(a)→(d)→(b)

BÀI 02

1

1 Tên của chị là gì?
2 Em là sinh viên có phải không?
3 Tôi học tiếng Việt.
4 Mình không phải là người Nhật.

2

1 Bạn tên là gì? / Tên (của) bạn là gì?
2 Bạn là người nước nào?
3 Bạn là người Việt Nam (có) phải không?
4 Rất vui được gặp anh.

3

1 Tôi ăn cơm.
2 Em tên là Hoa. / Tên của em là Hoa.
3 Anh là người Anh (có) phải không?
4 Phở Việt Nam rất ngon.

BÀI 03

1

1 Anh đã ăn phở.
2 Chị đang ở văn phòng.
3 Nhà của chị ở đâu?
4 Anh làm nghề gì?

2

1 nghe
2 uống
3 đến
4 viết
5 xem

3

1 Anh đang làm việc ở ngân hàng.
2 Em đã đi đâu?
3 Thư viện ở đâu?
4 Nhà của tôi ở thành phố Hồ Chí Minh Việt Nam.

BÀI 04

1

1 Đây là giám đốc.
2 Em 25 (hai mươi lăm) tuổi.
3 Cháu mấy tuổi?
4 Gia đình của bạn có mấy người?

2

1 Người ngồi trước anh là ai?
2 Em là học sinh lớp 7 phải không?
3 Kia là em trai của mình.

3

11	mười một	55	năm mươi lăm
15	mười lăm	67	sáu mươi bảy
20	hai mươi	79	bảy mươi chín
21	hai mươi mốt	80	tám mươi
34	ba mươi bốn / ba mươi tư	99	chín mươi chín

BÀI 05

1

1 A: 3(ba) giờ
B: 4(bốn) giờ
2 A: định
B: định đi học
3 A: gặp nhau
B: gặp nhau lúc 8(tám) giờ tối
4 A: có ngon không
B: ngon chứ

2

1 Bây giờ là mấy giờ (rồi)?
2 Cậu sẽ về nhà lúc mấy giờ?
3 Ngày mai anh có thời gian không?

3

1 rưỡi tối
2 kém 5(phút) sáng
3 khoảng
4 đúng

BÀI 06

1

1 Hôm nay là chủ nhật.
2 Tháng này là tháng 11(mười một).
3 Khi nào em sẽ đến đây?
4 Năm nay là năm 2020(hai nghìn không trăm hai mươi).

2

1 Năm sau chị (sẽ) đến Việt Nam.
2 Ngày mai là thứ tư.
3 Sinh nhật của em là ngày mồng 10(mười) tháng 5(năm).
4 Tôi học tiếng Việt để làm việc ở Việt Nam.

3

1 một trăm năm mươi
2 bảy trăm linh/lẻ ba
3 hai nghìn/ngàn năm trăm mười lăm
4 chín mươi lăm nghìn/ngàn tám trăm sáu mươi bốn
5 năm trăm năm mươi nghìn/ngàn

BÀI 07

1

1 Anh thường đi tập thể dục hoặc nấu ăn ở nhà.
2 Cuối tuần chị đã gặp bố mẹ.
3 Em có thích phở Việt Năm không?
4 Tiếng Việt thế nào?

2

1 vào
2 lúc
3 ở
4 Khi
5 đến

3

1 ít khi
2 Thỉnh thoảng / Đôi khi
3 tự
4 cho

BÀI 08

1

1 Chị đã ăn trưa chưa?
2 Em chưa hiểu từ này.
3 Từ 9(chín) giờ đến 6 (sáu) giờ tôi làm việc.
4 Anh muốn đi Đức hay Pháp?

2

1 Anh ấy (đã) đi làm chưa?
2 Chị (đã) có người yêu chưa?
3 Bạn thường đi học từ thứ mấy đến thứ mấy?

3

1 Chúng tôi chưa về nhà. / Chúng tôi về nhà rồi.
2 Cô đã lập gia đình chưa?
3 Đây là em gái hay là bạn gái?
4 Xe buýt sắp đến chưa?

BÀI 09

1

1 A: vừa mới
B: đi
2 A: có thể / được
B: được tiếng Trung và tiếng Anh
3 A: vẫn yêu
B: vẫn yêu
4 A: giỏi quá
B: phải chăm chỉ nữa

2

1 vừa 2 mới
3 hả 4 vẫn
5 mà

3

1 Tôi có thể nấu ăn món ăn Thái Lan.
2 Học tiếng Hàn vừa hay vừa dễ. / Học tiếng Hàn vừa dễ vừa hay.
3 Tôi không thể ở khách sạn này.

BÀI 10

1

1 Đây là cái túi xách của tôi.
2 Kia là con mèo của chị ấy.
3 Bạn muốn mua cái gì?
4 Nó được làm bằng cái gì?

2

1 3(ba) quả / trái cam
2 2(hai) quyển / cuốn từ điển
3 5(năm) chiếc xe máy
4 10(mười) tờ giấy
5 4(bốn) cái bàn

3

1 xem 2 nhìn
3 ngắm 4 trông

BÀI 11

1

1 Em đi du lịch nước ngoài bao giờ chưa?
2 Em đã ăn phở nhiều lần rồi.
3 Tôi sẽ học chăm chỉ tuy tiếng Việt rất khó.
4 Bạn trai tôi không những đẹp trai mà còn thông minh.

2

1 thử 2 tuy
3 với 4 chứ
5 ra

3

1 Bạn (đã) đi Việt Nam bao giờ chưa? / Bạn (đã) đi Việt Nam lần nào chưa?
2 Tôi chưa bao giờ gặp anh ấy. / Tôi chưa gặp anh ấy bao giờ.
3 So với anh ấy (thì) tôi đẹp trai hơn.
4 Tôi mặc thử cái áo này được không?

BÀI 12

1

1 A: xin nghe
B: Cô cho tôi hỏi
2 A: điện thoại di động của ai vậy
B: điện thoại của bạn tôi
3 A: hết chưa
B: mình đã uống hết
4 A: nhắn tin cho
B: chờ chị liên lạc

2

1 Xin cho tôi đến khách sạn.
2 Cho em một ly cà phê nóng.
3 Tôi ăn sáng rồi uống trà. /
Tôi uống trà rồi ăn sáng.

3

A: nghe đây ạ
B: cho tôi nói chuyện với
A: chờ/đợi một chút ạ
đi vắng rồi
B: tôi sẽ gọi điện lại sau

BÀI 13

1

Anh Hùng là nhân viên của một công ty du lịch. Trong một năm anh ấy làm việc rất chăm chỉ. Nhưng dạo này anh ấy muốn thôi việc vì có quá nhiều công việc. Và cả tuần anh ấy đi làm nên không có thời gian cho mình. Nếu thôi việc thì anh ấy nhất định sẽ đi du lịch với cả gia đình.

해석: 훙 씨는 여행 회사의 직원입니다. 1년 동안 그는 정말 열심히 일했습니다. 그러나 요즘 업무가 너무 많아서 그는 일을 그만두기를 원합니다. 그리고 그는 일주일 내내 일을 하기 때문에 자신을 위한 시간이 없습니다. 만약 일을 그만두면 그는 반드시 가족과 함께 여행을 갈 것입니다.

2

1 Tất cả là bao nhiêu tiền?
2 Giảm giá được không? /
Bớt giá được không?
3 Nếu có nhiều tiền thì bạn muốn làm gì?

3

1 Học sinh hiểu được tiếng Việt. /
Các học sinh đều hiểu được tiếng Việt.
2 Tất cả mọi người đang chờ ông ấy.
3 Ở nhà sách đó có nhiều sách.
4 Nếu có cơ hội thì chúng ta sẽ gặp lại.

BÀI 14

1

1 A: được bao lâu rồi
B: được 2(hai) năm rồi
2 A: bao lâu nữa
B: thêm 30(ba mươi) phút nữa
3 A: sau khi tốt nghiệp
B: đi du lịch bụi
4 A: ngày 15(mười lăm) đến ngày 30(ba mươi)
B: đó trong khoảng 15(mười lăm) ngày.

2

1 Một tiếng có 60(sáu mươi) phút.
2 Một ngày có 24(hai mươi bốn) tiếng.
3 Một tuần có 7(bảy) ngày.
4 Một năm có 12(mười hai) tháng.

3

1 Sau khi ăn cơm, chúng ta đi uống cà phê nhé! / Sau bữa cơm, chúng ta đi uống cà phê nhé!
2 Nửa tiếng trước, tôi đã làm bài tập xong rồi.
3 Tôi đã kết hôn được khoảng năm năm rồi.
4 Tôi giảng dạy tiếng Việt cho người Hàn Quốc.

BÀI 15

1

1 Hôm nay trời như thế nào?
2 Ngày mai cũng trời cũng sẽ mưa.
3 Em phải mặc áo mưa kẻo mắc mưa.
4 Nhiệt độ hôm nay ở Seoul 31(ba mươi mốt) độ C.

2

1 nhỉ 2 Chúc
3 kẻo 4 Theo
5 hãy

3

1 Hàn Quốc có 4(bốn) mùa.
2 Việt Nam cũng có mùa đông không?
3 Hãy cẩn thận kẻo mắc mưa.
4 Mùa hè của Hà Nội rất ẩm ướt.

BÀI 16

1

1 A: ai cao nhất
B: cao nhất
2 A: bằng tuổi
B: hơn tôi 3(ba) tuổi
3 A: mùa nào nhất
B: mùa đông nhất vì thích tuyết
4 A: Nghe anh Nam nói
B: mới được biết

2

1 Tôi thích mùa thu nhất vì dễ chịu.
2 Trong các bạn, chị ấy nhảy giỏi hơn hết.
/ Chị ấy nhảy giỏi hơn hết trong các bạn.
3 Khách du lịch càng ngày càng nhiều hơn.

3

1 Trong các quốc gia, anh đã đi (những) nước nào?
2 Vào nghỉ hè này, cậu đã đi (những) đâu?
3 Mình muốn bún chả hơn (cả).
4 Tôi sẽ đi Sa Pa vào mùa đông năm nay.

BÀI 17

1

1 Từ đây đến đó mất bao lâu?
2 Thông thường thì mất nửa tiếng.
3 Tôi đã gặp chị ấy cách đây 1(một) tuần.
4 Khi đến trung tâm ngoại ngữ, em đi bằng gì?

2

1 thôi 2 mất
3 khi 4 cách
5 bằng

3

1 Từ đây đến sân bay mất bao lâu?
2 Từ Hàn Quốc đến thành phố Hồ Chí Minh mất khoảng 4(bốn) tiếng rưỡi.
3 Quán cà phê cách nhà hàng/quán ăn khoảng 1(một) cây số.
4 Tôi chỉ ở nhà thôi.

BÀI 18

1

A: Em bị làm sao vậy?
B: Em bị sốt, và ho nhiều.
A: Từ bao giờ em bị đau?
B: Em bị từ đêm qua.
A: Em bị cảm nặng rồi.
Em nên uống thuốc, và nghỉ nhiều ở nhà.
Một tuần sau cũng vẫn không khỏi ốm, em đến lại bệnh viện đi.
B: Dạ, em cảm ơn bác sĩ ạ.

2

1 Tòa nhà này được người Hàn Quốc xây dựng.
2 Tối hôm qua tôi đã bị bố mắng.
3 Tên trộm bị cảnh sát bắt ở trên đường.
4 Áo dài được các học sinh nữ mặc.

3

1 Tôi uống thuốc rồi mà vẫn chưa khỏi ốm.
2 Hình như là ông ấy bị bệnh nặng.
3 Các anh chị đừng ngồi đây.
4 Trà truyền thống của Hàn Quốc rất tốt cho sức khỏe.

BÀI 19

1

1 A: mấy đêm
B: 1(một) đêm thôi
2 A: đến mấy giờ
B: đến 12(mười hai) giờ trưa
3 A: phòng đơn / phòng đôi
B: 1(một) phòng đơn
4 A: bằng gì
B: bằng thẻ tín dụng

2

1 Làm ơn cho tôi thuê một chiếc tắc-xi.
2 Bữa sáng ngon và cảnh cũng đẹp. / Cảnh đẹp và bữa sáng cũng ngon.
3 Dù phòng hẹp nhưng mát và sáng. / Dù phòng mát và sáng nhưng hẹp.

3

1 Mỗi khi đến Việt Nam tôi đi đến khách sạn đó.
2 Tôi muốn hủy đặt phòng ngay.
3 (Tôi) bị mất chìa khóa phòng rồi.
4 (Làm ơn) cho tôi xem hộ chiếu.

BÀI 20

1

Hôm nay là sinh nhật mẹ mà tôi yêu nhất. Tôi đã chuẩn bị món quà và hoa cho mẹ. Tôi luôn luôn nghỉ là không có người nào yêu thương tôi như mẹ. Đến bây giờ mẹ đã hy sinh tất cả vì tôi. Vì thế tôi cảm thấy có lỗi và biết ơn. "Mẹ ơi! Thành thật chúc mừng sinh nhật mẹ và thực sự yêu mẹ"

해석: 오늘은 내가 제일 사랑하는 엄마의 생일입니다. 나는 엄마를 위한 선물과 꽃을 준비했습니다. 엄마처럼 나를 사랑해 주는 사람은 아무도 없을 거라고 나는 항상 생각합니다. 지금까지 엄마는 나 때문에 모든 걸 희생했습니다. 그래서 나는 미안함과 감사함을 느낍니다. "엄마! 진심으로 생일 축하하고 정말 사랑해요."

2

1 Chúc mừng tốt nghiệp.
2 Đây là món ăn mà tôi thích nhất.
3 Trước tiên / Trước hết chúng ta ăn cơm rồi nói chuyện đi.
4 Nhân tiện đến trung tâm thành phố chúng ta mua sắm nhé.

3

1 Ở đây có bán cùng loại không?
2 Chúng ta đi mua hoa và bánh ga-tô đi.
3 Tuy em không chuẩn bị quà sinh nhật nhưng chúc mừng nhiều.
4 Chủ nhật tuần này tôi muốn mời các bạn ăn trưa.

출판사, 저자, 강사, 독자가 공존하기 위한 문예림 정책

평등한 기회와 공정한 정책으로

올바른 출판문화를 이끌도록 하겠습니다.

저 자

1. **도서의 판매부수에 따라 인세를 정산하지 않습니다.**
   우리는 도서 판매여부와 관계없이 초판, 증쇄 발행 후 30일 이내 일괄 지급합니다. 보다 좋은 콘텐츠 연구에 집중해주십시오. 판매보고는 반기별로, 중쇄 계획은 인쇄 60일 전 안내합니다.

2. **도서 계약은 매절로 진행하지 않습니다.**
   매절계약은 불합리한 계약방식입니다. 이러한 방식은 저자들의 집필 의욕을 저해시키며, 결국에는 생존력 짧은 도서로 전락하고 맙니다.

3. **판매량을 기준으로 절판하지 않습니다.**
   판매량에 따라 지속 판매 여부를 결정하지 않으며 전문성, 영속성, 희소성을 기준으로 합니다.

강 사

1. **동영상강의 콘텐츠 계약은 매절로 진행하지 않습니다.**
   우리는 강사님의 소중한 강의를 일괄 취득하는 행위는 하지 않으며, 반기별 판매보고 후 정산합니다.

2. **유료 동영상강의 인세는 콘텐츠 순 매출액의 20%를 지급합니다.(자사 사이트 기준)**
   우리는 가르침의 의미를 소중히 알며, 강사와 공존을 위하여 업계 최고 조건으로 진행합니다.

3. **판매량에 따라 동영상강의 서비스를 중단하지 않습니다.**
   판매량에 따라 서비스 제공 여부를 결정하지 않으며 지속가능한 의미가 있다면 유지합니다. 전문성, 영속성, 희소성을 기준으로 합니다.

독자 및 학습자

1. **도서는 제작부수에 따라 정가를 정합니다.**
   적절한 정가는 저자가 지속적인 연구할 수 있는 기반이 되며, 이를 통해 독자와 학습자에게 전문성 있는 다양한 콘텐츠로 보답할 것입니다.

2. **도서 관련 음원(MP3)은 회원가입 없이 무료제공됩니다.**
   원어민 음원은 어학학습에 반드시 필요한 부분으로 아무런 제약 없이 자유롭게 제공합니다. 회원가입을 하시면 보다 많은 서비스와 정보를 얻으실 수 있습니다.

3. **모든 콘텐츠는 책을 기반으로 합니다.**
   우리의 모든 콘텐츠는 책에서부터 시작합니다. 필요한 언어를 보다 다양한 콘텐츠로 제공하도록 하겠습니다.